新生代农民工婚恋模式研究

李 德 著

上海大学出版社
·上海·

图书在版编目(CIP)数据

新生代农民工婚恋模式研究 / 李德著. —上海:
上海大学出版社,2023.12
 ISBN 978-7-5671-4861-1

Ⅰ.①新… Ⅱ.①李… Ⅲ.①民工-婚姻问题-研究
-中国 Ⅳ.①D669

中国国家版本馆 CIP 数据核字(2023)第 230966 号

责任编辑　位雪燕
封面设计　缪炎栩
技术编辑　金　鑫　钱宇坤

新生代农民工婚恋模式研究

李　德　著

上海大学出版社出版发行
(上海市上大路99号　邮政编码200444)
(https://www.shupress.cn　发行热线 021-66135112)
出版人　戴骏豪

*

南京展望文化发展有限公司排版
上海华业装潢印刷厂有限公司印刷　各地新华书店经销
开本 890mm×1240mm　1/32　印张 5.25　字数 120 千
2023 年 12 月第 1 版　2023 年 12 月第 1 次印刷
ISBN 978-7-5671-4861-1/D·259　定价　58.00 元

版权所有　侵权必究
如发现本书有印装质量问题请与印刷厂质量科联系
联系电话: 021-56475919

前　言

据《中国青年报》社会调查中心(2015)调查数据显示,在农民工关心的众多问题中,婚恋问题排第一位,获选率为47.8%,高于工作劳累的获选率(38.4%)。[①] 2017年9月4日,共青团中央等部委发布《关于进一步做好青年婚恋工作的指导意见》,指出婚恋工作事关青年健康发展与社会和谐稳定。习近平同志在党的十九大报告中强调,促进生育政策和相关经济社会政策配套衔接,加强人口发展战略研究。

党的二十大报告提出:优化人口发展战略,建立生育支持政策体系,降低生育、养育、教育成本。因此,婚恋作为新生代农民工成长过程中的重要事件,不仅与个人的婚姻家庭幸福密切相关,而且关系到国家人口结构调整、人口红利的走向以及国家可持续发展的方向。对新生代农民工的婚恋观进行正确合理的引导,既是党和政府的责任,也是实现乡村振兴、推动共同富裕和建设社会主义现代化国家的应有之义。

---

① 向楠.婚恋是受访农民工最焦虑的问题[N].中国青年报,2015-05-07(07).

婚姻具有时代的烙印。改革开放以来，我国经济的快速发展，社会的急剧转型，城市化进程的迅猛推进，对世世代代以土地为生的农民的生产、生活和婚恋方式等产生深远影响。本书以中国城乡社会的时代转型为写作背景，以新生代农民工的婚姻作为研究视角，通过具体分析改革开放以来新生代农民工婚姻策略的微妙变化及其背后深层次社会结构变化，来反映中国当前城乡社会结构转型过程中新生代农民工的婚恋策略，以及他们在婚恋过程中面临的一些失范问题及其背后原因等。例如，"未婚同居""未婚先孕""闪婚闪离""临时夫妻"等婚恋失范现象的原因及深远影响等。

本书的读者对象既可以是大学中社会学、人类学、公共管理、公共政策等专业的大学生、研究生，也可以是专业性研究新时代农民工问题、婚姻问题等方面的专家学者；既可以是相关制定新时代农民工政策的政府部门领导，也可以是广大普通读者。本书具有通俗化、大众化的特点，既符合社会学、人类学研究的规范，又具有很强的可读性。

目 录

第一章 社会转型背景下新生代农民工的婚姻演化 …………… 1
  第一节 婚姻的时代烙印 …………………………………… 3
  第二节 相关文献梳理 ……………………………………… 11

第二章 理论视角 ……………………………………………… 29
  第一节 场域是行动者的实践空间 ………………………… 32
  第二节 惯习是行动者如何实践 …………………………… 34
  第三节 资本是行动者用什么实践 ………………………… 36
  第四节 实践理论下的婚姻策略 …………………………… 37

第三章 婚姻场域
      ——新生代农民工的婚姻圈 ………………………… 47
  第一节 社会场域——新生代农民工婚恋圈的同质性 …… 50
  第二节 空间场域——新生代农民工婚姻的地域圈 ……… 55
  第三节 小结 ………………………………………………… 71

第四章 农民工婚姻的资本策略 ……………… 73
第一节 自然资本 ……………………………… 76
第二节 经济资本 ……………………………… 87
第三节 小结 …………………………………… 116

第五章 新生代农民工婚姻的爱情策略 ………… 119
第一节 爱情源于实践 ………………………… 121
第二节 惯习、生存实践下的先婚后情 ……… 127
第三节 惯习外化、发展实践下的先情后婚 … 129

第六章 新生代农民工的婚恋困境：回不去的农村，留不下的城市 ……………………………… 135
第一节 微妙变化：生存实践、时代折射 …… 137
第二节 "扎根"还是"归根"：新生代农民工的婚姻策略将何去何从 ………………………… 138

参考文献 ………………………………………… 145

致 谢 …………………………………………… 162

第一章

社会转型背景下新生代农民工的婚姻演化

第一节 婚姻的时代烙印

婚姻行为与人类社会的发展息息相关,不同时期人类婚姻的策略行为反映着该时期社会的基本特征,进一步反映出不同时期社会的转型与变迁,婚姻具有鲜明的时代烙印。

婚姻策略这一概念来源于法国社会家皮埃尔·布迪厄的实践理论,是指在当时"社会实践"背景下,行动者在"婚姻场域"中,在传统婚姻"惯习"的延续影响下,婚姻的缔结过程中所采取的方式、方法,以及婚姻策略自身所体现出的功能等。婚姻策略行为与社会发展的客观实践背景密切相关。马克思认为,人的爱情是人的自然属性和社会属性的统一。人与人之间的关系也是人与自然、社会关系的体现。[①]

《礼记·昏义》说:"昏礼者,将合二姓之好,上以事宗庙,而下以继后世也。"这是对婚姻策略的一种基本解释,从这个最古老、最典型的婚姻定义里,我们可以看出:婚姻无论是对个人还是对整个社会都是非常重要的,婚姻伴随着人类社会的变迁、生产的发展而不断走向文明。人类婚姻策略由群婚制向对偶婚过渡,由"望门居"到"从妇居",从对偶婚向单偶婚制转变,由"从妇居"到"从夫居",以及抢劫婚、买卖婚、典当婚、拐骗婚、暂时性婚姻、一夫多妻、一夫一妻制等婚姻形式都反映出每个社会形态的转型与变迁。

芬兰社会学家、人类学家爱德华·韦斯特马克把婚姻策略

---

① 马克思,恩格斯.马克思恩格斯全集:第4卷[M].北京:人民出版社,1995:234.

分为内婚制和外婚制,内婚制策略是禁止本群体的人与其他群体的人结婚,而外婚制策略是禁止某一特定群体的成员与该群体以内的任何人结婚。① 内婚制策略是源于种族、民族或阶级的自豪感,近亲结婚的内婚原则的根本是社会环境,其目的是将亲属联合起来,或防止财产的散失,或保证血液的纯粹。外婚制策略的目的是防止人们过早结婚,或为了防止人们出于保护家产的目的而相互通婚。詹姆斯·弗雷泽认为外婚制策略起源于一种观念,即近亲结合不仅危及后代,而且还会危及整个部落。②

我国传统婚姻基本上是"门当户对"策略,统治阶级凭借他们在政治、经济、思想、文化等方面所占的统治地位,不遗余力地进行长期宣传和提倡,门当户对策略渐渐被统治阶级所接受,成为全体社会成员缔结婚姻的传统和惯习,高攀低就都没好处。婚姻的"合二姓之好"就是"门当户对"策略的突出表现,指将婚姻作为两姓互相合作的政治手段,借以扩大彼此势力。在婚姻过程中采取的策略反映出每个社会形态的特征与变迁,封建统治者实行"良贱不婚"的婚姻策略反映出封建社会严密的等级观念,一个典型的例子就是北魏和平四年(463)统治者曾下的一道禁令:"今制皇族、师傅、王公侯伯及士民之家,不得与百工、伎巧、卑姓为婚,犯者加罪。"③在封建社会里,这种通过联姻、结亲而"合二姓之好"的政治婚姻渗透到各个方面,表现形式也多种多样:有为政治上的结合而联姻的,有随政治情况变化而变更婚姻的,也有为了实现某种政治目的而与其

---

① 王铭铭.西方人类学名著提要[M].江西:江西人民出版社,2004:83.
② (芬兰)爱德华·韦斯特马克.人类婚姻史[M].北京:商务印书馆,2002:626.
③ 李天石.论北魏时期良贱身份制的法典化[J].江海学刊,2004(5):131-137.

他民族或其他国家结亲的和亲策略,这是一种超越国界的联姻,是一种以联姻换取和平、安定环境的政治婚姻策略。明清时期的徽州是一个极为典型的宗族本位的地域社会,徽州各宗族将婚姻视为两个异姓宗族的联合,婚姻成为置男女个人爱情和幸福于不顾、只强调宗族人丁的繁衍和宗族的整体利益的"超私人"的行为。①

婚姻策略也是现实生活的需要,传统和惯习是属于意识形态的问题,更主要原因还是社会生活本身的需要,植根于社会的物质基础。恩格斯说:"结婚的充分自由,只有在消灭了资本主义生产和它造成的财产关系,从而把今日对选择配偶还有巨大影响的一切附加的经济考虑消除后,才能普遍实现。"②传统与习惯之所以还有巨大影响,也正是因为它与现实生活的需要发生"共振"。③孟德拉斯在《农民的终结》一书中指出,20亿农民站在工业文明的入口处,这就是20世纪下半叶世界向社会科学提出的主要问题④,这句话也形象概括出中国当前社会转型的现状。

周大鸣认为,农民工的产生基于我国特殊背景,最早可追至1950年代矿山招收农民工,后至20世纪70年代以来社队企业的工人,真正兴起于改革开放后开始的人口流动,20世纪70年代后期,中国实行改革开放政策,原有的经济、政治结构开始变革,逐步向商品经济、市场经济过渡和发展,中国社会结构发生了前所未有的巨大的变迁,农村剩余劳动力进入包括矿山、建

---

① 陈瑞.以歙县虹源王氏为中心看明清徽州宗族的婚姻圈[J].安徽史学,2004(6):68-76.
② 马克思,恩格斯.马克思恩格斯选集:第4卷[M].北京:人民出版社,1995:80.
③ 刘英,薛素珍.中国婚姻家庭研究[M].北京:社会科学文献出版社,1987:10.
④ (法)孟德拉斯.农民的终结[M].社会科学文献出版社,2005:1.

筑工地、个体工商业等非农业。① "农民工"这一称谓最早可追溯至1981年6月,原国家劳动总局机关刊物《劳动工作》刊文首次提出"农民工"的名词,代指在城乡二元体制下、从事非农产业的农业户口劳动力。1984年10月,国务院颁布《关于农民进入集镇落户问题的通知》,允许农民自理进入县镇。该文件表明国家禁止农民进城务工的规定开始松动,我国的城乡要素开始频繁流动,大量的农村人口往返于农村与城市。中国社会科学院教授张雨林于1984年在《社会学通讯》上首次提出"农民工"这一称谓,由此引起了学术界的关注。目前,学术界对"农民工"这一概念的界定是基于户籍、职业和劳动关系,而不是一个基于地域性的歧视概念。也有学者用"新市民""新居民"等称呼到城市工作的农民这一群体。农民工是指户籍所在地为农村,自身拥有土地,在城市从事非农工作6个月以上,以非农业收入为主要收入的劳动者。规模性的农民工群体兴起于20世纪80年代末,90年代以后急剧扩大,90年代中后期达到高潮,2000年开始逐步稳定,且呈稳中略降趋势。据农业部统计:2002年全国外出就业的农村劳动力超过9 400万人,比上年的8 961万人增加约470万人。外出就业农民约占农村劳动力的13%左右;在中西部一些地、县,则占农村劳动力总数的20%—30%,其流动就业人数超过了在当地乡镇企业就地转移的人数。② 另一种数据显示,2001年全国农村外出务工经营的劳动力数量为10 738万人,外出比重达21.9%。③ 据2010年6月,国家人口计划生

---

① 周大鸣.中国农民工研究三十年:从个人的探索谈起[J].中国农业大学学报(社会科学版),2017(6):60-67.
② 张玉玲.公平对待农民工[N].光明日报(经济周刊版),2003-1-20(B1).
③ 张晓辉.中国农村研究:2002[C].北京:中国财政经济出版社,2003:510.

育委员会流动人口服务管理司发布的《中国流动人口发展状况报告》提供的信息显示:2009年中国流动人口已达到2.11亿,平均年龄约为27.3岁,由于分布、结构、素质复杂,其生存发展面临6大问题,对国家战略规划、政府社会管理和公共服务提出了严峻挑战。为加强流动人口服务管理提供决策依据和数据支撑,引导人口有序流动,国家人口计划生育委员会于2009年7月启动了重点地区流动人口监测试点调查,在北京、上海、深圳、太原和成都5城市,对56个县、区,173个乡镇街道,423个村居委会、21 771个流动人口家庭,47 461流动人口进行实际调查,得出的该报告显示:流动人口中78.7%为农业户口,以青壮年为主,其中20至44岁占被调查人口的2/3,14岁及以下儿童占20.8%,男性占50.4%女性49.6%。流动人口家庭平均规模为2.3人;16至59岁人口中86.8%接受过初中教育,人口月平均收入1 942元人民币。其主要在制造、批发零售和社会服务业领域就业,多集中在低薪或高危行业。[①] 国家统计局《2018年农民工监测调查报告》显示,2018年全国农民工总量已达到2.88亿人,其中1980年及以后出生的新生代农民工占比达到51.5%。[②]《2021年农民工监测调查报告》显示,2021年全国农民工总量29 251万人,比上年增加691万人,增长2.4%。[③]

本书"农民工"这一概念没有任何歧视性。有学者以农民工的出生年份为界限来划分农民工群体,认为1980年以前出生的

---

① 中国流动人口达2.11亿多集中在低薪或高危行业[EB/OL].(2010-6-27) http://news.sohu.com/20100627/n273100274.shtml.
② 刘保中,邱晔.新中国成立70年我国城乡结构的历史演变与现实挑战[J].长白学刊.2019(05):39-47.
③ 2021年农民工监测调查报告[EB/OL].(2022-04-29) https://www.gov.cn/xinwen/2022-04/29/content_5688043.htm.

农民工为老一代农民工或第一代农民工,而1980年以后出生的农民工则为新生代农民工或第二代农民工,基本没有务农经历,极度缺乏农业耕作技能,长期奔波于城市与乡村之间,与农村的亲缘地缘联系几近消失,却有着相对较高的文化素养的群体。①王春光最早对"新生代农民工"一词进行定义,指出新生代农民工是出生于1980年之后,在20世纪90年代外出务工经商、社会阅历与文化知识丰富于第一代农民工的人群。②王宗萍、段成荣将新生代农民工定义为1980年后出生,仍然保留农村户籍,大部分时间已脱离农业生产,且主要收入来源于城镇务工的群体。③全国总工会新生代农民工问题课题组在研究报告中指出新生代农民工是出生于20世纪80年代之后,以非农就业为主的农村户籍人口。④2010年国家首次提出"新生代农民工"的概念,指出要出台针对性措施,着力解决新生代农民工问题。⑤

新生代农民工指的是出生于1980年之后,拥有农业户口,却在进入城市后从事非农业工作的劳动者。为更清晰地呈现新生代农民工群体所具有的特征,本文将新生代农民工同第一代农民工和城市青年进行比较,发现同第一代农民工相比,新生代农民工虽然出生于农村,但更渴望留在城市,思想观念和生活方

---

① 刘传江,程建林.我国农民工的代际差异与市民化[J].经济纵横,2007(4):18-21.
② 王春光.新生代农村流动人口的社会认同与城乡融合的关系[J].社会学研究,2001(03):63-76.
③ 王宗萍,段成荣.第二代农民工特征分析[J].人口研究,2010,34(02):39-56.
④ 全国总工会新生代农民工问题课题组.关于新生代农民工问题的研究报告[J].江苏纺织,2010(08):8-11.
⑤ 中共中央国务院关于加大统筹城乡发展力度,进一步夯实农业农村发展基础的若干意见[EB/OL].(2009-12-31) https://www.gov.cn/gongbao/content/2010/content_1528900.htm.

式发生了较大改变。当前,以"80""90"后为主体的新生代青年劳动力成为农民工的主体,与父辈相比,新生代农民工具有"三高一低一强"的特点,即文化程度相对较高,职业期望值比较高,物质和精神层次要求高,工作耐受力低,自主独立意识强,受社会经济发展和国家发展战略的推动,创业意识普遍较强。新生代农民工日益成为城市新移民的重要组成部分以及经济转型中的宝贵人力资源,他们对城市的认同超过对农村的认同。学者周大鸣建议用"城市新移民"替换对农民工的称呼。目的在于摆脱城市农村二元对立的思维,将研究注意力集中于城市社会。[1]

目前,学界对新生代农民工研究的成果非常丰富,且研究角度也各有侧重。如李培林[2]、周晓虹[3]、李迎生[4]、李强[5]、朱力[6]、余小平[7]、江立华[8]、郑月琴[9]、聂洪辉[10]、郑林宏[11]、黄佳鹏[12]等从

---

[1] 周大鸣.中国农民工研究三十年:从个人的探索谈起[J].中国农业大学学报(社会科学版),2017(6):60-67.
[2] 李培林.流动民工的社会网络和社会地位[J].社会学研究,1996(4):42-52.
[3] 周晓虹.流动与城市体验对中国农民现代性的影响:北京"浙江村"与温州一个农村社区的考察[J].社会学研究,1998(5):58-71.
[4] 李迎生.论我国农民养老保障制度改革的基本目标与现阶段的政策选择[J].社会学研究,2001(5):105-116.
[5] 李强.影响中国城乡流动人口的推力与拉力因素分析[J].中国社会科学,2003(1):125-136,207.
[6] 朱力.农民工阶层的特征与社会地位[J].南京大学学报(哲学.人文科学.社会科学版),2003(6):41-50.
[7] 余小平.论农民工思想观念现代化转变[J].求索,2004(11):121-123.
[8] 江立华.论农民工在城市的生存与现代性[J].郑州大学学报(哲学社会科学版),2004(1):74-77,85.
[9] 郑月琴.农民工市民化进程中的心理形态和社会文化环境分析[J].经济与管理.2005(9):9-11.
[10] 聂洪辉.男权视角下的新生代农民工"闪婚"现象[J].当代青年研究.2019(2):57-64.
[11] 郑林宏.乡村振兴背景下新生代农民工婚姻家庭问题探究:基于F市工业园区内新生代农民工群体的实证研究[J].经济研究导刊,2020(6):31-32.
[12] 黄佳鹏.梯度进城:青年农民工的城市化实践[J].华南农业大学学报(社会科学版),2023,22(5):53-62.

现代性、社会化、社会冲突排斥、社会距离、社会网络或资本视角对农民工的城市适应性、社会保障、流动原因、社会地位等进行了研究。梅金平①、卢海元②、王德福③、陶自祥④、陈建兵⑤、周大鸣⑥、肖宏达⑦等从制度和政策变革的角度对农民工进行了研究。近年来,农民工市民化也逐步成为许多学者关注的主题(如陈莉、俞林伟⑧;曲颂⑨;文军、黄枫岚⑩;张红霞、江立华⑪;刘传江、刘思辰⑫;吴胜艳⑬;魏万青、付茜茜2023⑭),其内容广泛,涉及农民工的生产方式、思维方式、生活方式和身份认同等各个方

---

① 梅金平.不确定性、风险与中国农村劳动力区际流动[J].农业经济问题,2003(6):34-37,80.
② 卢海元.建立健全被征地农民社会保障制度的理论思考与政策建议[J].经济学动态,2004(10):52-56.
③ 王德福.养老倒逼婚姻:理解当前农村早婚现象的一个视角[J].南方人口,2012,27(2):37-43.
④ 陶自祥.临时夫妻:青年农民工灰色夫妻关系及其连带风险[J].中国青年研究,2019(7):70-77.
⑤ 陈建兵.新生代农民工跨省婚姻的特征与生成归因:基于江西省M村的调查[J].青少年研究与实践.2020,35(02):32-38.
⑥ 周大鸣.互联网时代的新生代农民工研究[J].社会科学家,2021(10):9-14.
⑦ 肖宏达.乡村振兴背景下农民工返乡创业困境及优化对策研究[J].智慧农业导刊,2023,3(21):104-107.
⑧ 陈莉,俞林伟.代际视角下农民工婚育模式与婚姻满意度的关系研究[J].浙江社会科学.2018(12):77-85,157-158.
⑨ 曲颂.农民工随迁子女的教育融合问题、制度障碍及对策研究[J].河北学刊.2019,39(2):143-148.
⑩ 文军,黄枫岚.改革开放40年中国农民工社会保障政策演进比较:以上海、湖南、重庆三地政策文本为例[J].南通大学学报(社会科学版).2019,35(06):63-74.
⑪ 张红霞,江立华.制度与实践的错位:新生代农民工户籍城镇化的路径[J].理论月刊,2022(11):111-118.
⑫ 刘传江,刘思辰.数字化时代农民工市民化的"双重鸿沟"与跨越[J].西安交通大学学报(社会科学版).2023,43(01):107-116.
⑬ 吴胜艳.共同富裕背景下贵州农民工返乡创业的内涵、现状和提升路径[J].贵州民族研究.2023,44(5):164-167.
⑭ 魏万青,付茜茜.中心城市迁移对农民工城市化质量的影响[J].华中农业大学学报(社会科学版).2023(04):113-123.

面,其核心是国家、社会等如何帮助农民工克服各种制度、文化、心理等方面的障碍,融入现代城市居民的工作、生活方式中去。本书在借鉴国内、外学者对新生代农民工相关研究成果的基础上,侧重从婚姻角度对其日常行为进行研究,进而反映中国城乡社会的变迁与转型。

第二节 相关文献梳理

婚姻在家庭社会生活中占有重要的地位,而新生代农民工大多处于结婚年龄,婚姻是新生代农民工一生中的大事,是摆在新生代农民工面前的重要问题,也是摆在社会各界的一个重要课题,转型中的中国社会势必会影响到人们在婚姻缔结过程中所采取的婚姻策略。目前,国内外学者对婚姻策略的研究遵循了两条线索:一条以理论研究为主,另一条则重视以实证为基础的经验研究。本书主要从以下四个方面对当前有关新生代农民工婚姻的文献进行梳理。

一、婚姻策略的功能研究

这类文献大多把婚姻策略的功能与家庭财产继承、社会再生产、亲属关系构建,以及家族绵续、感情、社会地位维系等密切联系,认为婚姻策略的基本功能是财产继承、社会再生产。如奥地利社会学家赖因哈德·西德尔认为,在一种建立于地产和土地耕种上的经济中,男人和妇女的婚姻机会取决于父母和将继承的地产,取决于个人的劳动能力,也取决于父母家庭经济中获得的结婚财产。潘绥铭先生认为:近一万年的农业社会中,无论一夫一妻制还是一夫多妻制或一夫多妾制,婚姻策略一个个基本的功能就是对财产的占有、合并或继承关系。新生代农民工的婚姻策略也必然要满足社会再生产这一基本的功能。

婚姻策略的功能可以构建一种亲属关系。美国学者威廉·古德认为婚姻造就了新的社会关系,并为一个家庭增添一些资源。婚姻本身是一种公共事业,对局外人和亲属都至关重要。[①] 威廉·古德将婚姻策略看成是用来扩大家庭的政治影响,求得最大的安全,或与朋友、长期的盟友保持良好的关系。[②] 当婚姻被当作一种社会制度加以解释时,往往和家族的利益联系在一起,是两个家族之间的联盟:既有共同的利益,又有合作的机会。新生代农民工在城市中是一种"非正式就业",他们找工作的途径基本上是通过亲属网络介绍,农民工日常生活遇到困难,也大多求助于亲属,通过婚姻策略建立一种新的亲属网络关系,对于农民工社会再生产发展具有积极意义。

费孝通在《生育制度》中指出:"人类生活的目的之一就是绵续他们的种族,而人类的婚姻策略恰恰是种族绵续的保障,因为婚姻行为确定了双系抚育模式,这种模式既能保证单个家庭的种族绵续,又能满足社会继替的需要。"[③]费孝通认为,在农村中,结成婚姻的主要目的,是为了保证传宗接代。如果当媳妇的没有能力来完成她的职责,夫家就有很充足的理由将她遗弃而无须任何赔偿。妇女在生育了孩子以后,她的社会地位才得到完全的确认。[④] 费孝通认为,婚姻的意义在于确立双系抚育。

---

① (美)威廉·古德.家庭社会学[M].台北:桂冠图书有限公司,1988:74.
② (美)威廉·古德.家庭社会学[M].台北:桂冠图书有限公司,1988:76.
③ 费孝通.生育制度[M].天津:天津人民出版社,1981:29.
④ 费孝通.江村经济[M].长沙:湖南人民出版社,2002:31-32.

庄孔韶认为,婚姻有三个基本功能:其一保持社会(群体)的稳定;其二为繁衍后代提供适宜的条件,包括社会条件和经济条件;其三增进不同群体之间的联合。① 庄英章认为,婚姻的根本功能超越了生物性,而纯粹是一种社会性功能。庄英章进一步举例,说中国大陆或台湾的汉人社会都有冥婚的习俗,这一习俗的主要功能在于为未出嫁而夭折的女儿寻一处归宿,藉以取得其家庭社会地位。②

风笑天指出:尽管新生代农民工流动和进城的主要动机和目的是去"打工挣钱",获取经济收入以外,但无论他们自己是否意识得到,无论他们是否有某种准备,也无论他们是否将其作为进城打工的一种动机和目标,"恋爱、结婚、生育、抚养"这一进程却总是会自然而然地发生在他们身上,总是会自然而然地出现在他们的流动和打工生涯中。恋爱择偶、结婚成家、生育抚养,既是他们所面临的生存问题,更是他们所面临的发展问题。③新生代农民工在考虑他们婚姻时,也必然会考虑到婚姻策略与社会再生产等其他因素功能的联系。

二、传统农民和第一代农民工婚姻策略的研究及其特点

目前,涉及传统农民和第一代农民工(1980 之前出生)婚姻策略的文献主要体现在农民婚姻决定权、择偶标准、结识方式、婚嫁年龄等方面。

---

① 庄孔韶.人类学通论[M].太原:山西教育出版社,2002:273.
② 庄英章.家族与婚姻:台湾北部两个闽客村落之研究[M].台北:中央研究院民族学研究所,1994:187.
③ 风笑天.农村外出打工青年的婚姻与家庭:一个值得重视的研究领域[J].人口研究,2006(1):57-60.

在婚姻决定权方面,由于婚姻关系到财产的继承、劳动力的更替、亲代的养老和"香火"的绵延,农村青年男女结识的方式基本上有四种:自己认识、别人介绍、家里人介绍和媒人牵线。改革开放以前,中国传统农村子女的婚姻基本由双方家庭及媒人操纵,强调双方家庭经济上的互相交换,注重礼仪的完备等,婚姻当事人很少有自主权。改革开放后,婚姻决定权发生了微妙变化,由"包办""半包办"逐步向"相对自主转变"。如1988年中国社会科学院社会学所青年研究室"当代中国青年价值观念演变"课题组所做的一项全国调查表明,当问及"在婚姻问题上你倾向于听谁的意见"时,无论是城市青年还是农村青年,选择频率最高的是"父母同意、自己做主",比例达到76.4%[1],在确定婚姻关系的方式上,由传统的"父母做主"向"自己做主,征得父母同意"过渡,例如上海郊区的比例为46.9%,河南潢川为42.5%,父母在子女婚姻关系的确定上仍有较大的权威性,完全由自己做主的婚姻在不同经济发展水平的两类地区都不高[2],这说明与封建包办婚姻形式相比,新生代农民工婚姻自主性越来越高,但婚姻的自主性有一定的限制。

杨善华、沈崇麟通过在上海青浦、江苏太仓、四川宜宾三个地区对农村婚姻变迁进行调查,认为在子女婚姻大事的决定权方面,父母总能想出办法让子女同意自己的意见[3],这实际上是一种"半包办婚姻",在确定婚姻关系的方式上,由传统的"父母做主"向"自己做主,征得父母同意"过渡,完全由自己做主的婚

---

[1] 肖爱树.20世纪中国婚姻制度研究[M].北京:知识产权出版社,2005:261.
[2] 雷洁琼.改革以来中国农村婚姻家庭的新变化[M].北京:北京大学出版社,1994:185.
[3] 杨善华,沈崇麟.市场经济与非农化背景下城乡家庭的变迁[M].杭州:浙江人民出版社,2000:176.

姻在不同经济发展水平的两类地区都不高。1996年由许安琪主持实施的"中国城乡婚姻家庭调查"结果表明,在农村地区,由长辈做主的婚姻比例从1966年以前的67.2%下降到1996年的43.2%,本人做主的婚姻从1966年以前的32.8%上升到1996年的56.8%。[1] 1986年,梁旭光对山东诸城县郝戈庄乡147对农村新婚夫妇进行调查,其中144对是经过自由恋爱,只有3对由父母包办,自由恋爱比例高达97%。[2] 这说明在转型期农民婚姻决定方式已由父母包办、父母半包办逐步转向父母与子女商量上来,但父母在子女婚姻关系的确定上仍有较大的权威性。

据李建萍对河北省青年农民的调查结果显示,在择偶方式上,主要的方式是自由恋爱,其次是经他人介绍,而由父母包办和借助"婚介"和"征婚"的比例都很小。[3] "七五"期间,北京大学社会学系雷洁琼教授主持的"改革以来中国农村婚姻家庭的新变化"课题组,通过对北京郊区、河南潢川、黑龙江农场、四川农村、上海郊区、广东农村等五个有代表性的中国农村进行调查后认为:无论是经济发达地区,还是经济落后地区,农村青年农民婚姻自己结识的比例在改革开放后的1979—1986年间大幅度上升,比如上海郊区为14.0%,河南潢川为15.8%,这一时期两地的"媒人牵线型"结识为10.5%和39.6%。[4] 这说明这一时

---

[1] 吴鲁平.当代中国青年婚恋、家庭与性观念的变动特点与未来趋势[J].青年研究,1999(12):19-25.
[2] 梁旭光.改革以来农村婚姻状况的变化[J].人大复印资料《社会学》,1987(4):104.
[3] 李建萍,赵宏,王俊华.河北省青年农民的道德现状及其构建[J].河北建筑科技学院学报(社科版),2003(2):7-9.
[4] 雷洁琼.改革以来中国农村婚姻家庭的新变化[M].北京:北京大学出版社,1994:174-177.

期虽然内地农村产业结构没有根本调整,但在一定程度上打破了农村的封闭状态,大量农村剩余劳动力流到城市,受到城市文明的熏陶,不同程度地受到现代婚姻观念影响,使农村青年男女从"媒人牵线型"向"自己结识型"跳跃性转变,进而打破了传统农民的婚姻社会圈与地域圈。

择偶标准的变化也是农村青年男女婚姻策略变化的一个反映,如阎云翔通过对中国内地一个村庄的长期调查认为:在20世纪50年代,基本上还是父母包办婚姻,双方的父母都在给自己子女寻找合适的新成员与社会关系,好婚姻的标准首先是亲家是不是好亲戚,其次是其本人是不是好媳妇或好女婿,至于年轻人自己的意见则无关紧要。对于男方来说,贤惠、孝顺而又善于打理家务的女子是理想的配偶;对女方来说,男方的经济条件要好,同时身体健壮、勤劳朴实也是不可少的条件。

20世纪60—70年代集体化期间,理想的对象是人老实,脾气好,干活勤快,听老人和领导的话。无论男女,都最好是身强力壮,这对挣工分非常重要。家庭出身也很要紧,从女方的角度看,男方家庭经济状况是第一位的考虑;从男方的角度看,女方家庭的名声要被考虑得更多,因为那决定了姑娘的品德。但改革以后在择偶的标准上,无论男女都显示出物质主义倾向。女子择偶标准有三个基本方面:对方家庭相对富裕;未婚夫非农业技术的挣钱能力,传统的身强力壮与种田能力不再是首选;外貌也很重要。男方的择偶标准有女方的外貌,姑娘是否会干农活已不再重要,还有女方的性格等。[①] 贺军平也认为改革开放

---

① 阎云翔.私人生活的变革:一个中国村庄的爱情、家庭与亲密关系:1949—1999[M].上海:上海书店出版社,2006:88-91.

后,外貌、人品和能力逐渐成为青年农民择偶的先决条件,而一直受欢迎的勤劳朴实的男青年出现冷门,相貌较差却善于理家务的女子竟遭无人问津的命运,男方要求女方漂亮、有文化,女方则倾心于有致富能力、头脑活络的男子。① 王思斌认为改革以来,农民的婚姻以当事人的幸福为中心,不再注重对方的家庭背景,而是人品、能力,并且注重世俗生活,功利色彩浓厚。② 这说明不同时期,农民的择偶标准随着社会的发展而有所变化。在婚姻观念上,吴鲁平认为农村青年的择偶观由传统向现代位移,由重视家庭背景转向个人条件,由"无情人多成眷属"转向"有情人才成眷属",由看重"老实可靠"转向"聪明能干",这与改革开放前农民的择偶观截然不同。

1998 年,王东虓等人在河南农村通过调查表明,有 87.4% 的农民择偶标准是人品和能力,追求志同道合。③ 雷洁琼等人认为改革开放后,农村青年男女的择偶标准已基本上由注重对方家庭条件转向注重本人条件,例如 1979—1986 年间,通过调查,上海郊区农民这一比例为 82.5%,河南潢川的比例为 66.3%。传统农村的择偶是追求家庭利益,注重经济条件,改革开放后追求个人利益,注重感情因素,择偶观念发生了很大变化。青年农民注重对方本人条件,并不意味着择偶时注重情感因素而忽视物质利益,而是注重对方是否具有养家糊口的能力,是否勤劳能干、有持家过日子的品质,这一调查结果与阎云翔得

---

① 贺军平.新中国农村的婚姻与家庭考察[J].人大复印资料《社会学》,1990(1):91.
② 王思斌.婚姻观念的变化与农村社会亲属化[J].人大复印资料《社会学》,1990(6):139.
③ 王东虓,时延春,王景花.河南省各类农民思想政治意识与价值观念状况分析[J].河南社会科学,1998(3):19-24.

出的结论是一致的。① 这说明传统农村的择偶是追求家庭利益,注重经济条件;改革开放后追求个人利益,注重感情因素,青年农民注重对方本人条件,并不意味着他们择偶时注重情感因素而忽视物质利益,而是注重对方是否具有养家糊口的能力,是否勤劳能干、有持家过日子的品质。

三、关于城市居民婚姻策略研究

农民工生活、工作在城市,他们的婚姻策略深受城市居民婚姻策略的影响。据吴本雪对北京、天津、上海、南京、成都五城市1937—1982年间妇女婚姻结合途径的抽样调查显示,1949年以前由父母包办的比重都很大,各时期平均占41.24%,自由恋爱的比例只有10%多一点。解放后,1950年以后父母包办的婚姻,各个时期下降为7.49%,到1966年以后,包办婚姻几乎在城市绝迹。② 夏文信通过对上述五城市的调查,认为新中国成立后,打破封建婚姻枷锁,城市青年取得了婚姻自主权,城市女青年破除了早婚的旧习俗,推迟了婚龄。据五城市家庭调查汇总资料显示,1937年以前结婚的妇女,初婚年龄15—17岁的比例有36.14%;而1950—1953年结婚妇女的初婚年龄,15—17岁的下降到16.84%;1977—1982年结婚的妇女,初婚年龄在17岁以下的已经没有了,而这一时期的初婚年龄在25—29岁的已占绝大多数。③ 崔凤垣根据1991年北京婚姻家庭资料,分析认为北京结婚妇女61.5%是经人介绍相识的,38.5%的人是自己

---

① 雷洁琼.改革以来中国农村婚姻家庭的新变化[M].北京:北京大学出版社,1994:183.
② 吴本雪.中国婚姻家庭研究[C].北京:社会科学文献出版社,1987:3.
③ 夏文信.中国城市家庭地位的变化,中国婚姻家庭研究[C].北京:社会科学文献出版社,1987:260.

在交往中相识的,打破了几千年历史形成的"父母之命、媒妁之言"的择偶方式。崔凤垣进一步预测,自己相识的择偶方式所占的比重,会随着改革、开放、人口流动的频繁等因素有稳步增加的可能性。①

1996年,徐安琪等在上海、哈尔滨对3 200名已婚男女关于择偶标准进行入户访问,实际获得1 600个妻子和1 566个丈夫样本,从对各项择偶标准所作的统计显示,从总体上看研究对象在选择意中人时最为关注的是健康(60.9%)、老实可靠(53.4%)、性格脾气相投(47.0%)和温柔体贴(36.9%)4个项目,而对于教育程度、职业、收入、住房等社会经济条件和容貌、身材等外表形象等人之常情的指标在以往几十年的入选率甚低,只是在近些年才备受青睐。② 1982年我国"五城市家庭调查"发现,许多夫妻在婚姻择偶时往往都有经济和其他方面的考虑,以爱情为基础的婚姻还没有普遍实现。婚姻当事人在择偶时会考虑到对方的家庭背景,希望选择和自己有相似家庭背景的人为配偶。夫妻相匹配、条件要相当,是人们择偶的普遍心理。③ 徐安琪通过研究认为,城市居民的择偶网络已从亲缘关系、地缘关系到业缘关系转变。

可以说择偶标准具有很深的时代烙印,如20世纪50年代,女青年倾向于追求"南下干部",认为"南下干部"政治条件好,工作有保证,收入稳定,人品正派。而"南下干部"找对象的条件是

---

① 冯立天,巴巴拉·安德森等.北京婚姻、家庭与妇女地位研究[C].北京:北京经济学院出版社,1994:68.
② 徐安琪.择偶标准:五十年变迁及其原因分析[J].社会学研究,2000(6):18-30.
③ 孙淑敏.农民的择偶形态:对西北赵村的实证研究[M].社会科学文献出版社,2005:7-8.

"自带饭票,读书看报,唱歌跳舞,蹦蹦跳跳"。也就是要求女方要有工作、有文化、性格活泼、身体健康。到了60年代,看重出身成分,要求"根正苗红",出身要"苦大仇深"。如果是地主的儿子与资本家小姐谈恋爱,就会被人嘲笑为"鱼恋鱼、虾恋虾、乌龟恋的是王八"。"文革"时期,流行的是"老子英雄儿好汉,老子反动儿混蛋""龙生龙、凤生凤,老鼠生儿会打洞"。80年代女方对男方更加注重学识,希望嫁给大学生、研究生。到了90年代,物质生活更为丰富,许多青年的择偶标准是"谈得来、情投意合""跟着感觉走"。①

可以看出,城市居民的择偶方式基本自主,择偶标准更加注重个人的条件,感情因素日益上升,同时兼顾经济条件。城市居民在择偶理念上将爱情因素视为择偶第一重要因素的同时,也不忽视经济社会因素,使得择偶的经济成分加大,物质的中介作用增强。市场经济使人们的经济行为活跃起来,人们在不同程度上认识到经济利益在现代社会生活中的地位和作用。在一些人心目中,荣誉、声望及社会地位有时与金钱、物质、利益比较起来已显得不那么重要。中国人过去那种讲面子、爱虚荣的民族性在市场经济的冲击下已有所改变,在选择配偶和朋友时,人们开始注重实用、实在和实惠,经济比重在婚姻家庭中所占的份额越来越大。这说明改革开放以后,因外来文化的传入和商品经济的观念的深入,城市居民的思想观念在中西文化与新旧思想冲突中迅速发生变化,竞争意识、主体意识、和平意识等得到了空前的认同,"以人为本""人的需求至上"开始代替"以家为本""家庭利益至上","以人为本"的观念成为现代婚姻观念的核心,

---

① 刘达临等.中国婚姻家庭及其变迁[C].北京:中国社会出版社,1998:184.

使城市居民的婚姻策略发生了深刻变化。

四、关于新生代农民工婚姻策略的研究

农民工深受城市文化的熏陶,他们的婚姻也会相应地发生变化。目前关于农民工婚姻策略的研究文献较少,主要集中在婚姻观念、择偶标准、嫁娶地域三个方面。

在婚姻观念上,一些研究者指出,女性流动人口婚恋观的形成不仅要受到传统的生活习惯和物质条件的制约,还受到她们自身的道德观念、社会阅历、文化素质、职业性质和接受新生事物的程度等因素的影响。由于她们所处的社会环境条件,有其价值观念、生活方式、从事职业和经济收入情况的特殊性,这在很大程度上影响到她们的婚恋态度,直接支配着她们的择偶观、成婚方式、结婚时间乃至生育意愿和生育行为。新生代农民工的择偶方式更加多样,逐渐从传统的相亲、熟人介绍,转向通过互联网择偶恋爱。随着互联网技术的发展,再加上新生代农民工接受能力强,网络交友软件已经成为他们日常生活不可或缺的一部分。[1] 杨哲通过问卷调查发现,由于结婚的成本越来越高,新生代农民工在结婚的过程中还需要父母的经济支持,父母对其婚姻在很大程度上仍具有话语权。新生代农民工通过自己寻找对象人数为占总数的17.6%,通过网络寻找对象人数仅为总数的2.8%,这两者占总数的20.4%,可见主动式选择结婚近两成。婚姻介绍所、熟人介绍分别占总数的8%和26.4%,而通过家人介绍在调研中所占比例最大,占总数的43.8%,近一半新生代农民工是通过家人介绍获得对象,可见父母意见对新生

---

[1] 郑林宏.乡村振兴背景下新生代农民工婚姻家庭问题探究:基于F市工业园区内新生代农民工群体的实证研究[J].经济研究导刊,2020(6):31-32.

农民工婚姻具有较大影响。①

朱考金2002年11月通过对610名农民工进行调查后认为,农民工已经不是从前的生活在封闭的乡村里的农民,他们有自己的想法和比较现代的观念,个人的自主性大大提高,婚姻观念更为开放。在回答"外出打工,对你的婚恋观影响最大的是什么"时,50.4%的被调查者选择了"不能过早结婚"和"要有婚姻自主权";认为择偶应"看重人品和感情"的占74.8%;50.9%的人认为双方感情是影响家庭和睦的最重要条件;对于没有领证就住在一起的,认为"只要感情好,可以接受"和"只要双方愿意,可以接受"的有61.2%,"无论如何也不能接受"的有21.8%;对于自己的一个熟人(女性)即将离婚,认为"只要感情破裂,可以离"和"不干涉"的有42.5%;认为"女性应该从一而终"的只有4.7%;对于熟人被发现有婚外恋或艳遇,认为"只要对方人好,可以交往"占40.7%;甚至对于女孩傍大款、当小蜜的现象,认为"只要对方人好,可以交往"的也有26.8%。这说明农民工婚姻观念较改革开放前更为开放。②

王同信、翟玉娟认为新生代农民工的择偶标准仍然保持着传统的注重人品个性和相容性因素,更强调双方感情的沟通和情投意合,开始注重对方的个人能力条件,85后、90后比80后更加现实,倾向于重视物质性条件的趋势。③ 当前,新生代农民工择偶标准,尤其是女性的择偶标准发生了很大变化,除了"老

---

① 杨哲.因婚返贫:新生代农民工婚姻成本诠释[J].山东农业工程学院学报,2019(1):12-18.
② 朱考金.城市农民工心理研究:对南京市610名农民工的调查与分析[J].青年研究,2003(6):7-11,6.
③ 王同信,翟玉娟.深圳新生代农民工调查报告[M].北京:中国法制出版社,2013:181.

实可靠""聪明能干"外,更加注重家庭的经济条件和持续的赚钱能力。李飞龙通过研究发现,彩礼在任何时候与收入相比都价值不菲。不管是人民公社时期,还是在困难的 20 世纪 60 年代初,彩礼在当时经济条件下都非常高。① 彩礼呈现出越来越高的趋势,彩礼的多少直接体现男方家的社会地位,自然就成为女方检验男方实力的手段之一。

  周大鸣认为,农民工流动对婚姻策略的影响表现在四个方面:一是认识途径扩大,由媒人或亲戚介绍到自己认识的机会增多;二是婚姻圈的扩大;三是性观念的变化,未婚同居的增多;四是婚姻习俗的改变。② 陈庆立认为,由于农村逐渐走向开放,农民越来越频繁的流动,带来婚姻上的重大变化,通婚范围明显扩大,异地通婚数量增多,这不仅对改善人口智力素质有促进作用,而且对经济文化交流也很有裨益。农民外出就业扩大了社交范围,增加了男女直接接触和了解的机会,对于借助说媒达到结识的需要性降低,为结识的自主性提供了有利的条件。③

  在嫁娶地域上,一些研究者认为打工妹婚姻主要有三种嫁娶地域类型:嫁到家乡、嫁到打工所在城市、嫁到外地农村。目前,对打工妹婚姻嫁娶地域类型的研究显示了绝大多数打工妹是嫁到家乡所在地。如谭琳、苏珊·萧特、刘惠研究了嫁到打工所在地的外来打工妹的婚姻生活经历,并把这类婚姻移民的打工妹称为"双重外来者"。1998 年,他们对嫁入张家港市的外来打工妹进行了一项实地调查,认为婚姻迁移的地区差异性和个

---

① 李飞龙.国家权力与农村私人生活领域的变革(1949—1978):以农村婚姻的解体为考察中心[J].山西师大学报(社会科学版),2012(05):95-98.
② 周大鸣.中国农民工的流动:农民工输入地与输出地比较[J].广东青年干部学院学报,1999(4):59-65.
③ 陈庆立.论提高中国农民素质[D].北京:中国社会科学院研究生院,2000.

体差异性相当大,不同地区对婚姻迁入和迁出的引力和推力具有不同的表现形式和强度。由于打工所在地的经济条件远远好于家乡,嫁入当地的打工妹虽然在家庭婚姻中遭遇很多困难,但她们总体上对自己的婚姻还是满意的,她们也为婚姻家庭的幸福付出了很多努力,采取了尽可能的融合策略。① 邓智平通过调查,具体研究了嫁给一个与自己一样的打工男性的打工妹的婚后生活情况。邓智平认为,由于制度与自身的原因,很多在城市相恋的打工妹婚后会回到丈夫所在的农村,但由于社区文化之间的差异性,嫁到外地的打工妹并不都是安于在当地生活,基于此,他把这种嫁到外地的打工妹的婚姻生活分为四种情况:安居乐业型、外出型、女方外逃型、女方自杀型。② 这说明嫁到外地的打工妹有大部分人不安于在当地生活,相当一部分回到家乡或重新到城市打工,继续寻找自己的婚姻。但最近几年来,也有学者在定量研究中发现,近半数的调查对象在选择婚恋对象时不注重地域,不需要一定是自己的家乡人,表明青年农民工的通婚圈在不断地扩大,地域不再是婚恋一大制约因素,跨地婚姻增多,这一趋势符合打工浪潮的背景逻辑。③

通过梳理上述文献,可以看出:从目前国内外对在家从事农业生产的纯粹传统农民、城市居民、农民工婚姻研究的文献来看,对改革开放后农民、城市居民、农民工婚姻的研究文献多侧重于从择偶标准、婚姻结识方式、婚姻范围等静态方面(吴本雪、夏文信,1987;李银河,1989;徐安琪,2000)来展开。学者们对市场转型

---

① 谭琳,苏珊·萧特,刘惠."双重外来者"的生活:女性婚姻移民的生活经历分析[J].社会学研究,2003(2):75-83.
② 邓智平.关于打工妹婚姻逆迁移的调查[J].南方人口,2004(3):35-40.
③ 刘成斌,童芬燕.陪伴、爱情与家庭:青年农民工早婚现象研究[J].中国青年研究,2016(06):54-60.

后,农民工的婚姻研究相对较少,理论研究匮乏,经验研究更是不多,且大多研究也还局限于从传统城乡二元对立的角度着手,从宏观层面来反映中国城乡社会的变迁,如有的单纯研究农民的婚姻状况变迁(雷洁琼,1994;吴鲁平,2000;阎云翔,2006),有的仅仅研究中国市场转型以来社会流动对农民婚姻的影响(周大鸣,1999;朱考金,2003),有的单纯研究市场转型以来城市居民婚姻的变化(沈崇麟,杨善华,1995、1999),甚至大多数学者还是停留在问题的表面进行探讨,没有从中国市场转型以来、特殊城乡二元结构下的身份制角度对农民工的婚姻进行研究,没有从中国社会结构的特殊转型来研究农民工婚姻策略的变化,没有从农民工的日常生活实践逻辑来研究农民工的婚姻策略这一立体、动态过程,而对农民工婚姻策略进行系统研究的更是微乎其微。

在研究方法上,也多以抽样调查和问卷调查为主,采用概率抽样方法对不同年代男女当初择偶标准的经验研究的少,而以方便采样方法对某单位、某群体未婚青年目前的择偶条件进行的调查,分析方法也大多停留在简单描述及双变量相关分析上(杜承尧,1995;张萍,1989;李银河,1989;张广群,1995),这样得出的统计结果与普通样本的考察结论具有不相一致的倾向,而这意味着所得到的结果只能反映静态的表面情况,而不能揭示事件运行的动态过程和内在本质,且目前的研究把农民的婚姻与城市居民的婚姻分割开来的较多。通过分析当前国内外相关研究文献,可以看出学者们把农民工婚姻策略作为一个独立主题进行系统性、动态过程分析的较少,把农民工的婚姻置于市场、社会转型大背景下进行比较研究的也较少。在研究方法上也多以平面、静态分析为主,而对婚姻策略进行立体、动态过程的考察却很少纳入研究者的视野。本书在当前国内外学者研究的基础上,把传统农民、城市居民与新生代农民工三者的婚姻策略结合起来进行研究,试图探究中国市场、社会急剧转型后,新生代农民工进入城市打工,随着工作、生活环境的改变,他们婚姻策略的动态过程是什么?他们采取婚姻策略的原因、依据、根源是什么?他们采取的婚姻策略能反映出当今中国转型期城乡社会的什么特征?

五、研究特点

(一)方法论层面

以实践逻辑视角研究新生代农民工婚姻策略的动态过程,以深入个案访谈全景式展现农民工在行动中为实现其婚姻目标而所采取的各种策略,从而克服以往对农民工婚姻静态研究的片面性,超越主、客观二元对立,克服只见结构不见行动者的片面结构功能主义取向;通过对传统农民、当代都市青年、新生代农民工三者婚姻的比较,展现新生代农民工婚姻策略的特殊性。本书把婚姻策略作为一个独立的问题进行研究,是对婚姻、家庭问题研究的一大突破;本书同时考虑爱情等感情因素对行动者婚姻策略的作用,对单纯强调"实践"的布迪厄婚姻策略理论是一个有益补充。①

---

① 皮埃尔·布迪厄(1930—2002)出生于法国比利牛斯-大西洋省的丹郡一个普通公务员之家。1951年考入高师,1954年通过教师会考成为中学哲学教师。1958年应征入伍,到阿尔吉利亚为军队服务,从这儿开始,布迪厄由此开始了他的社会学工作。1958年与1963年发表的两部著作《阿尔吉利亚的社会学》《阿尔吉利亚的劳动与劳动者》引起知识界的关注,从而奠定了他毋庸置疑的社会学家地位,成为法国高等实践学院最年轻的研究指导教授。1968年至1988年任法国国家科研中心教育文化社会学中心主任,并创办了《社会科学的研究行为》。1981年进入著名的法兰西学院执掌社会学教席成为他学术生涯的巅峰。布迪厄在国际上获得的殊荣更是不胜枚举,2000年英国皇家学院颁发给他的赫胥黎奖章,代表了国际人类学界的最高荣誉。

（二）在理论层面

从新生代农民工日常生活世界中的一个很基本的层面来展现中国城乡社会结构的变迁，把布迪厄的实践理论和新生代农民工的婚姻实践有机结合起来，通过分析中华人民共和国成立至今中国城乡婚姻变迁的过程，揭示在中国现代化的过程中传统与现代并非二元对立的，而是可以互相兼容和促进的。

（三）在现实层面

通过具体分析转型期新生代农民工的婚姻策略这一动态过程，了解新生代农民工婚姻的基本特征以及出现的问题，关注新生代农民工婚姻对其自身及社会的重要影响作用，从而为解决新生代农民工婚姻出现的问题、推动乡村振兴、促进城乡社会稳定提供有益参考。

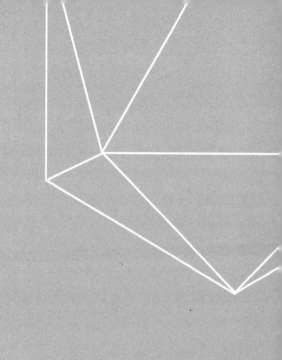
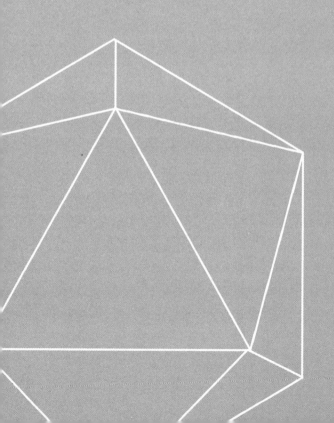

第二章
理论视角

笔者试图引用布迪厄的"婚姻策略"这一核心概念,作为研究的理论工具,同时其也是本书研究的主要内容,在研究方法上以个案深入访谈为主,问卷调查为辅,紧紧围绕农民工的"婚姻策略"这一核心内容展开实地调查。

　　布迪厄认为,社会学的任务在于揭示构成社会宇宙的各种不同的社会世界中那些掩藏最深的结构,同时揭示那些确保这些结构得以再生产或转化的机制。因此,在方法论上布迪厄提出了一种"双重解读"的关系主义方法论,即社会实践理论。布迪厄建构社会实践理论,在方法论意义上就是为了超越社会学界普遍存在的社会物理学的客观主义、结构主义方法论和社会现象学的主观主义、建构主义方法论之间的二元对立。社会物理学的解读方式就是用社会物理学的方式透视社会,即将社会看作一种客观的结构,既可以从外部加以把握,又可以无视处于其间的人们的各自看法而从物质上观察、测量和勾画的关联结合。另一种对社会的解读方式是社会现象学立场,这一立场是主观主义或建构主义的方法。布迪厄提出的总体性的社会实践理论综合了客观主义与主观主义、结构主义与建构主义的基础。他提出的这种研究的方法和步骤是:首先,将世俗表象搁置一旁,先建构各种客观结构(各种位置的空间),即社会有效资源的分配情况,正是这种社会有效资源的状况规定了加诸互动和表象之上的外在约束。其次,再引入行动者的直接体验,以揭示从内部建构其行动的各种知觉和评价(即各种性情倾向)的范畴。布迪厄非常强调实践的模糊性和总体性,并且认为要把握好实践的这些特性,非常重要的一点,就是从对规则的过度关注转向对策略的重视,从建立模型的机械力学转向勾勒策略的辨证法。也就是说,实践的原则应该在各种外在约束(它们往往为选择留下了可塑性非常大的余地)和各种性情倾向(它们是各种经济和社会进程的产物)之间的关系之中来寻找,即要从结构和惯习的交织作用中来理解实践。只有从综合了结构主义和建构主义两种途径的社会实践理论出发,才能认识到,诸如客观主义和主观主义、机械论和目的论、结构必然性和个人能动性之类的对立都是虚幻的,都掩盖了人类实践中的基本特点。

　　布迪厄的社会实践观是围绕着行动者在哪里实践、如何实践、用什么实践等相互联系的社会实践观上的基本问题而展开的,具体来说,就是行动者的实践空间、实践逻辑、实践工具是什么。布迪厄用场域、惯习、资本以及三者之间的关系分别回答了这三个社会实践观的基本问题。布迪厄对这三个概念的基本含义、特点、用途及其相互关系的阐述只有置于辨证的、关系的、实践的、反思的布迪厄思维中才能得到准确的理解和把握。

第一节　场域是行动者的实践空间

　　场域解决了行动者在哪里实践的问题。布迪厄把"场域"看成是一个竞技场,是一个充满争斗的空间。场域的结构既能加强又能引导某种策略,无论是个人还是集体,这些位置的占有者力图用这种策略来维护或改进他们所处的位置,并且将等级化的原则以最佳的方式强加到他们自己的产品上。① 婚姻场域涉及家族利益、权力、地位、社会再生产等客观历史关系,婚姻策略要考虑到"现实关系"及客观关系,遵循一定的"游戏"规则,并符

---

① 侯钧生.西方社会学理论教程[M].天津:南开大学出版社,2001:355.

合自身的价值观。作为对结构主义的反驳,布迪厄提出"从规则走向策略"。行动者都有目标和兴趣,在他们社会现实的经验中,策略成为他们的实践之源,这就是实践的逻辑。① 农民工的婚姻也是一个"场域",在这一场域中,根据现实的社会经验,农民工为了实现婚姻的成功,往往也会使用某种策略。

在布迪厄的实践逻辑中,策略既不是一般化的经济决定论,也不是理性选择论;既不是意向论,也不是功利主义,布迪厄坚决反对那种将个人自愿选择的意识作为行动动力的意识哲学的目的论。布迪厄的策略概念,指的是客观趋向的"行动方式"的积极展开,而不是对已经计算的目标有意图的、预先计划好的追求;这些客观趋向的"行动方式"是对规律性的遵从,是对连贯一致且能在社会中被理解的模式的形塑,哪怕它们并未遵循有意识的规则,也未致力于完成由某位策略家安排的事先考虑的目标。布迪厄并不否认行动者会面临各种选择的可能,并发挥主观能动性,进而做出选择,他反对的是像理性选择理论家所阐述的,行动者以一种有意识的、系统的、意向性的方式最大化地来获取自己需要的目的。行动者追逐策略,他们的选择是更加心照不宣的、更加实践性与倾向性的,反映了累计的资本与相应的倾向——这种倾向产生于过去的经验、现在的机遇、行动者活动于其中的场域的制约的相遇。

---

① 侯钧生.西方社会学理论教程[M].天津:南开大学出版社,2001:355.

行为是行动者行为倾向与特定场域的结构动力之间相互作用的产物,当惯习与被称为场域的斗争领域相遇的时候,实践就发生了。布迪厄在《区隔》一书中,提出他的分析模式的简要公式:

[(惯习)(资本)]+场域=实践

策略产生于"惯习"。布迪厄把"惯习"看成是一个中介性的概念,是一种生成策略的准则,使行动者得以应付难以遇见的各种情境,各种既持久存在而又可变更的性情倾向的一套系统,它将过去的各种经验结合在一起的方式,每时每刻都作为各种知觉、评判和行动的母体发挥其作用,从而有可能完成无限复杂多样的任务。惯习所指示的行动路线极可能伴有对成本和效益的策略性计算,这种策略性计算就将惯习以自己方式运作的过程提到自觉的层面上。

第二节 惯习是行动者如何实践

"惯习",即实践逻辑,回答的是行动者如何实践的问题。布迪厄认为,惯习来自行动者的实践活动,一旦经过一定时期的积累,经验就会内化为人们的意识,去指挥和调动行动者的行为,成为行动者的社会行为、生存方式、生活模式、行为策略等行动和精神的强有力的生成机制。"惯习"和"场域"是两种不同的时间存在状态,"惯习"存在时间可以看成"过去",影响农民工的婚姻"惯习"可以看作是传统婚姻习俗的延续;"场域"存在时间可以看成与"过去"相对应的"过去的未来","过去"和"过去的未来"这一时间过程就是行动者的实践行为发生的过程,时间是实践活动的产物。"惯习""场域"和"实践"三者通过"时间"联系起来,实践不能还原为惯习或场域,而是产生于由两者所代表的一套关系在某个时间点上确立的"相互关系",它们之间的关系可以用下图表示:

实践行为正是在创造自身的同时,创造了时间。时间产生于行为或思想的实现过程中,实现过程指现时化和去现实化的结合,也就是我们常说的"时光流逝"。因为实践是惯习的产物,而惯习又来源于世界固有的规律和趋向在身体层面的体现,所以实践自身就包含了对这些规律和趋向的预期,也就包含了对未来的一种非设定性的指涉,其深刻地存在于现在的直接性之中。也就是说,实践行为是一种时间化的行为,行动者通过组织调动过去经历的实践,对以客观潜在性状态深藏在现存事物中的未来进行实践预期,实现了对直接现实的超越。由于作为过去产物的惯习,是以实践的方式指涉蕴含在过去中的未来,所以在惯习借以实现自身的行为中,它使自身也时间化了。作为外在结构内化的结果,惯习通过实践行为以某种大体上连贯一致的系统方式对场域的要求作出回应。也就是说,惯习既是行动者内在的主观精神状态,又是外化的客观实践活动;既是行动者主观心态的向外结构化的客观过程,又是历史及现实的客观环境向内被结构化的主观过程。行动者既在他们所处的移动的社会世界里活动,也在持久铭刻于他们身体之中的、建构起来的可能性范围内活动,积淀在行动者内心深处的惯习对行动者的行动有深刻的影响。

第三节 资本是行动者用什么实践

布迪厄的资本概念借鉴了马克思的政治经济学,同时又吸收了卢森堡、韦伯、舒尔茨等学者思想,进一步发展、深化了资本理论。马克思既把资本作为一种生产要素,又把资本当作一种社会关系。马克思认为"黑人就是黑人。只有在一定的关系下,他才成为奴隶。纺织机是纺棉花的机器。只有在一定条件下,它才成为资本"[①]。因此,"资本不是物,而是一定的、社会的、属于一定历史形态的生产关系,它本质在一个物上,并赋予这个物以特有的社会性质"[②]。布迪厄的资本理论被认为是带有古典资本理论色彩的新古典资本理论。

资本回答了行动者用什么实践的问题。布迪厄认为,纯粹的经济学忽略了这样一个事实,即实践除了有其机械性的起因和有目的性的意图,以便保证投入最少、收益最大、尽可能发挥效用以外,除了服从"利益最大化"这一内在的经济逻辑以外,实践还有其他原因,还要遵循其他的原则。把行动者的行为简化为机械地反应或有意图的行为,这一有关实践的"合理性"的狭隘的、经济主义思想,忽略了历史、经济和社会对行动者的制约

---

① 马克思,恩格斯.马克思恩格斯选集:第1卷[M].北京:人民出版社,1995:344.
② 马克思,恩格斯.马克思恩格斯选集:第2卷[M].北京:人民出版社,1995:577.

性,根本不可能清晰地解释人类所有的实践活动。因此,布迪厄认为,资本概念必须与场域概念联系起来,一种特定的资本的价值取决于一种游戏的存在,资本既是行动者争斗的工具,又是争斗的对象。布迪厄认为资本表现为四种基本形式,即经济资本、文化资本、社会资本和象征资本。在每一个社会阶层中,布迪厄又区分出哪些人主要对经济资本感兴趣,哪些人主要对文化资本感兴趣。在布迪厄的社会实践理论中,资本概念其实是指行动者的实践工具。布迪厄的实践理论也就是行动者在某一场域中如何运用资本、如何实践的问题。

第四节 实践理论下的婚姻策略

策略是由各个行动者的资本状况及其场域的竞争逻辑决定的。布迪厄认为,社会场域中的行动者在制定和运用策略时,至少要考虑惯习、资本、场域中的位置三个方面的因素。

在实践逻辑理论中,布迪厄提出策略的"合目的性""合理性"与理性选择理论是有区别的。理性选择理论的核心观点是人以理性的行动、以满足自己的偏好、并使效用最大化。格雷鲁维特(Granovetter)认为经济学与社会学最大的差别在于前者强调人们为何做出选择,后者强调人们为何不做出选择。亚当·斯密(Adam Smith)认为人的理性在于他在各项利益的比较中选择自我的最大利益,以最小的牺牲满足自己的最大需要。理性选择理论是建立在下列前提下的:第一,个人是自身最大利益的追求者。第二,在特定情境中有不同的行为策略可供选择。第三,人在理智上相信不同的选择会导致不同的结果。第四,人在主观上对不同的选择结果有不同的偏好排列。理性选择可以概括为最优化或效用最大化,即理性行动者趋向于采取最优策略,以最小代价取得最大收益。[①] 社会学对理性选择的贡献最早始于乔治·霍曼斯(George Homans)的《交换的社会行为》,他运用社会心理学家的群体动力学以及其他理论重新解释了小群体的行为,从而构建了社会交换的形式。科尔曼(Kerman)1990年出版了《社会理论的基础》,在该书中,科尔曼试图用理性选择范式研究传统的社会学问题。科尔曼在分析批判传统社会理论的基础上,创立了新的社会行为理论。[②] 科尔曼以理性选择理论为立足点,发展出新的社会行动理论,成为社会学中理性选择理论的代表人物。科尔曼的理性选择理论的基本原理是:一个行动者发生可能性是行动者所期望从多种可能的行动结果中获得功利的函数。行动者的这种行动所追求的是价值或利益的最大化。不同的行动有不同的效益,而行动者的行动原则可以表述为最大限度地获取利益。

布迪厄反对社会学意义上的理性选择理论,他认为这种理论在四个方面存在错误:一是武断地强调理性和利益的重要性;二是对现实进行模式化分析;三是认为社会生活的动力在于人们有意识的决定,忽视无意识在社会生活中的作用;四是在方法论上,缺乏个人之间以及个人与环境之间关系的理解。布迪厄强调两点:一是实践既是自由的又是受限制的;二是实践既非全然有意识也非全然无意识,实践根植于连续不断的习得过

---

① 丘海雄,张应祥.理性选择理论述评[J].中山大学学报社科版,1998(1):117-123.
② 周长城.理性选择理论:社会学研究的新视野[J].社会科学战线,1997(4):224-229,236.

程。理性选择理论的使用范围也受到质疑,理性主义的行为观认为人类行为都是由理性思考所支配,试图以理性选择理论分析所有人类行为。詹姆斯·博曼(James Bohman)认为这一理论的论域是狭窄的而不是宽泛的,无论是从微观的理性层面,还是从宏观的制度结构层面,都需要其他理论补充。

布迪厄实践理论和理性选择论的差异,并不像那些将他的观点庸俗地表达为某种机械形式的结构主义的人有时所认为的那样,仿佛在于行动者是否自己做出选择。布迪厄并不否认行动者会面临各种选择的可能,并发挥主动性做出选择。他反对的是像理性选择理论家所阐述的,行动者以一种有意识的、系统的、意向性的方式来完成上述活动。他主张的实践理论与此正好相反,所谓深思熟虑的决策活动及对规则的遵循,只有惯习未能达到预期的目的时,才作为权宜之计,用以弥补失败。①

布迪厄提出的"婚姻策略"概念实质上是博弈逻辑理论在婚姻中的具体应用。博弈逻辑理论是博弈论和逻辑学相交叉的一个新的研究领域,属于应用逻辑范畴,是研究所谓"理性的"行动者或参与者在互动的过程中如何选择策略或如何做出行动的逻辑,与博弈论既有区别又有联系。张峰认为,博弈逻辑有两个基本假定:第一,博弈参与者是理性的,即参与者努力使自己的得益最大化;第二,博弈参与者的利益不仅取决于自己的行动,同时取决于他人的行动。② 笔者认为博弈参与者采取的一个策略是一套完整的行动方案,因为它会事先确定一个博弈方在对局过程中,在出现的一切可能情况下采取什么方法或做法,而这种

---

① (法)皮埃尔·布迪厄,(美)华康德.实践与反思[M].北京:中央编译出版社,1998:17.
② 张峰.博弈逻辑述评[J].福建论坛(人文社会科学版),2004(3):54-57.

策略是与博弈参与者所具有的客观现实条件相符合的,是遵循实践的逻辑的,无疑这与布迪厄提出的"婚姻策略"概念是一致的。

布迪厄运用实践理论,以实地调查、深入访谈为基础,具体分析了法国贝亚恩地区农民的婚姻策略,这在其《实践感》著作中的"土地与婚姻策略"这一章进行了详细描述。在婚姻这一"场域"中,法国贝亚恩地区农民采取的婚姻策略深受传统习惯、风俗等"惯习"的深远影响。在一个受货币稀少性支配的经济世界里,法国贝亚恩地区农民家庭中的长子具有遗产继承的优先权。例如:当一个家庭只有两个孩子,次子的份额定位家产价值的 1/3,也就是说长子具有家产价值的 2/3 份额;在其他情况下,家产价值的 1/4 不予分割,要留着给长子,所余价值按子女总数平分,故长子所得为 1/4 再加一份。按照惯例,家庭中除去长子 1/4 优先财产外,每个非头生的儿子和女儿有权获得一份定额的家产,而增资一般在结婚时给予,几乎都用现金支付,以免家产分割,只有在特殊情况下才用土地抵偿(此土地只是抵押品,可通过支付事先确定的金额赎回)。可以看出,在一个家庭中非头生儿子和女儿继承的财产份额和结婚时家庭支付的补偿增资额是一样的。通过增资这一媒介,婚姻交换受经济支配,更倾向于发生在经济上门当户对的家庭,根据一种不言明的最优化计算——以使在家庭经济独立范围内进行的婚姻交易可能提供的物质和象征资本最大化。

但在实际上,财产分割从来都是最后的一种解决办法。由于现金奇缺,家产虽然习惯上可以等数年,甚至是等父母死亡后才支付,但由于补偿增资往往不能兑现,人们便只好在一个非头生孩子结婚时,或父母死亡后,进行分家来支付增资,或用土地抵偿，并希望能筹措赎回卖掉的土地所必需的钱，以便有朝一日使祖产重归统一。

无论长幼男女，家庭中每个孩子的婚姻都是摆在全家人面前的一个特殊问题。要解决这一问题，就必须利用财产继承或婚姻传统所提供的一切可能性，以保存家产的永存。如果说婚姻策略的基本和直接职能是提供确保家族再生产，即劳动力再生产的手段，那么它也必须确保遗产的完整性。赋予长子的特权，既是为了维护财产完整性这一绝对优先权的简单的家谱表达，也是为了维护家族的世系，按照中国人的说法就是"传宗接代"。

亚恩地区农民在"惯习"的影响下，在婚姻策略的选择上，其所采取的实践行为根植于他们的生存条件。亚恩地区农民婚姻选取的家庭一般与自己家庭经济、社会地位相当，也就是中国人所说的"门当户对"，这样便于维护家庭财产、地位的稳定与延续。

家庭会禁止男子缔结那种追求最大物质和象征利润的"高攀婚姻"：长子不能与地位远高于自己的人结婚，这不仅因为有朝一日要归还补偿增资，更因为自己在家庭权力关系结构中的位置会因此而受到威胁。做母亲的通常也会反对儿子娶一个地位（相对）过高的媳妇，因为她心里明白，她更容易使出身低贱的女孩服从她的权威。长子也不能与地位远低于自己的人结婚，那样会使自己名誉受损。总之，长子的切身利益是服从家族的利益，最重要的是维护家族在社会结构中的地位。如果长子想违抗父母意志而结婚，那只有一个办法，就是离家出走，其后果是自己的继承权得让给另一个弟弟或妹妹。

与长子相比，非头生儿子更应避免因与地位低的人结婚而造成的风险及物质和象征代价,更不能屈服于缔结远远超出自己条件的婚姻的诱惑,否则就会使自己处于受支配的屈辱地位。当继承人是独生子时,在今后无须抵偿增资的前提下,如果渴望获得婚姻的物质和象征利润的最大化追求,那么他可以不受限于一桩高攀婚姻,因为一般在结婚时自己会收到女方一笔契约嫁妆。这样的契约嫁妆,虽然平时可以花掉一部分,但如果将来遇到意外就很难归还,这样的策略会有一定的政治风险。

  婚姻策略触及一切实践活动的一个基本原则是:文化传统确立了有利于男子的不对称性,该不对称性要求人们从男性的观点出发判断一桩婚姻(总是隐含地意味着地位较高男子和地位较低女子之间的"俯就"婚姻)。如果没有经济障碍,小户人家的长女可以和大户人家的非头生儿子结婚,但小户人家的长子不能娶大户人家的非头生女儿。如果家庭中没有男性后裔这一不可抗力的情况下,才会把财产传承给女儿。另外,家庭会要求非头生子不要急于结婚,以便成为家庭或长子免费的"雇佣",有的非头生女儿也会一生不结婚,成为家庭中免费的"雇佣",因为只有这样家庭财产就能得以保全,并减少相当一部分他们结婚时所必需的增资。

  贝亚恩地区农民的婚姻策略是与财产继承策略、生殖策略、教育策略等密不可分的,因此他们的原则既不是计算理性,也不是经济必要性的机械决定,而是由生存条件灌输的潜在行为倾向,即一种社会构成的本能。在这种本能的驱使下,人们把一种在特殊经济形式的客观上可计算的要求,当作义务之不可避免的必然或感情之不可抗拒的呼唤,并付之于实施,每个群体都履行这套策略以便把世代继承的权力与特权传递给下一代。行动者天生具有米歇尔·克罗齐耶所称的"策略本能",行动者行为不应仅仅归于以往的社会化,而且应归于他们对其行动领域里诸种机遇与制约力量的感知,归于他们对其各自短期或长期利益的相应理解。①

布迪厄对法国贝亚恩地区农民的婚姻策略进行研究的方法,即个案研究方法。这一方法是针对单独的个人、群体或社会所进行的案例式考察,主要目的是描述,也可以试着提出解释。②个案研究方法属于典型调查。典型调查的特点是:对调查对象中个别或少数几个单位进行的调查,是对调查者有意识地选择的单位进行的调查,是系统的、深入的调查,是面对面的直接调查,并且是定性的调查。③典型调查的优点有:① 它是面对面的调查,它能获得比较真实可靠的第一手资料;② 它是系统、深入的调查,它可以调查比较广泛、丰富、系统的内容,它可以采取多种多样的方法,作较深入的调查;③ 它便于把调查和研究结合起来,因此它有利于揭示事务的本质及其发展规律。④个案研究属于质的研究方法,这一方法尊重作为个体的被研究者,对每个人的生活经历和意义解释都非常清楚,认为每一个人都有自己生动的故事,都有自己丰富的内心,都值得去倾听、探询、研究。一滴水能够折射出太阳的光辉,同样,个案样本也可以反映出集体群像。

本书之所以选择户籍在农村,在城市打工的"城市农民工"这一能够反映中国社会转型的特殊流动群体,原因有二:第一,"新生代农民工"的本质是"农民",其占农村劳动力比重很高,他

---

① (法)埃哈尔·费埃德伯格.权力与规则 组织行动的动力[M].上海:格致出版社,2017:166.
② (美)艾尔·巴比.社会研究方法[M].北京:华夏出版社,2000:357.
③ 水延凯.社会调查教程[M].北京:中国人民大学出版社,1988:123.
④ 水延凯.社会调查教程[M].北京:中国人民大学出版社,1988:126.

们的婚姻有传统农民"婚姻惯习"的烙印;第二,"新生代农民工"常年在城市打工,生活、工作环境的改变使他们又具有城市现代人的某些属性。宋林飞认为"农民工"在城市中主要进入传统产业工人的队伍,是"新兴工人群体",是"新市民"。① 因此,农民工的婚姻能反映出现代都市人婚姻的时代特征。可以说,农民工的婚姻策略虽然不同于传统农民,也不同于现代都市人,但是其父辈们和城市年轻人的婚姻策略在新生代农民工身上都有所体现。本书运用对比研究,目的就是通过新生代农民工动态的婚姻策略过程来反映中国城乡社会结构的变迁。

如果说婚姻"场域"着重描述的是新生代农民工婚姻的客观性结构,那么"惯习"则偏重于强调农民工的自身方面,或者说传统婚姻习俗在农民工身上是一种积淀。惯习具有一种能动性,有不断创造自己的新本质的特性,所以它具有生成性、建构性,甚至能带来某种意义上的创造性能力。我们甚至可以将农民工婚姻缔结的背景、条件、过程看成"实践",将农民工自身所具有的各种条件看成"资本"。农民工传统的"婚姻惯习",随着社会环境及"婚姻场域"的变化,也会逐渐被灌输一种新的"婚姻惯习",农民工在先天、后天"婚姻惯习"的双重影响下,他们婚姻策略必然会反映出社会结构的变迁、市场的转型。

本书通过运用布迪厄的社会实践理论,对在中国市场转型(特指改革开放后由计划经济向市场经济的转变)、城乡社会结构发生重大转变的时代背景下,新生代农民工婚姻策略以及婚姻策略的依据和根源进行了深入研究。婚姻策略可以界定为新生代农民工面对生存环境的变动和社会变迁所采取的应对措

---

① 宋林飞."农民工"是新兴工人群体[J].江西社会科学,2005(3)17-23;宋林飞.中国农村劳动力的转移与对策[J].社会科学研究,1996(2):105-117.

施,新生代农民工不是被动地接受社会变迁的影响,而是以自己原有的特点对社会做出反应,它体现出社会结构转型对新生代农民工的影响以及他们对社会的反作用。新生代农民工婚姻策略是行动者在婚姻这一场域中,运用各种资本,在实践的逻辑下(惯习的影响)进行博弈的一个动态发展过程,即新生代农民工从婚姻的结识到进入婚姻殿堂这一婚姻准备期他们所采取的策略及其原因。本书力图克服单纯从择偶标准等某一方面进行静态研究,而忽视婚姻是一个动态发展过程的弊端,综合考虑到感情因素对新生代农民工婚姻策略的影响。

婚姻策略是一个动态的选择过程,包括婚姻类型和婚姻轨迹两个方面。婚姻类型指缔结婚姻的基本形式,分类的标准不同婚姻的类型也不同:根据婚姻制度划分,从古到今有一夫多妻、一妻多夫、一夫一妻制三种类型;根据结婚群体的差别划分,可以分为内婚制、外婚制两种类型;根据婚姻形态划分,可以分为嫁娶婚、童养媳、娃娃亲、交换亲、招婿婚、变异婚(冥婚等)等六种基本类型。婚姻轨迹指通过婚姻的缔结引起社会地位的上升、维持或下降,包括上升(高攀)婚姻、平行婚姻、下行(低就)婚姻三种轨迹。

第三章

婚姻场域
——新生代农民工的婚姻圈

"场域"是布迪厄实践理论中的一个重要概念,行动者在场域中的位置影响着行动者的策略,同一个行动者在惯习和资本不变的情况下,如果在场域中的位置不同,他的行动策略就会随位置的改变而改变。社会是由不同的场域构成,婚姻场域是布迪厄婚姻策略理论的重要的客观社会结构背景,是行动者选取婚姻对象的社会、地域范围,即婚姻圈是婚姻场域的重要体现形式。当前农民工的婚姻场域是处于转型期的城乡社会,其在社会中的地位就是农民工在婚姻这一场域中的位置。在本书中,我们可以把婚姻场域与婚姻圈看成是同一含义的概念。

婚姻圈是人们从文化、地理、经济、通婚习惯、家庭活动、社会结构等不同角度选择通婚的范围。婚姻圈包括婚姻的社会圈和地域圈,婚姻的社会性反映在选择配偶上,也就是通婚的社会圈。婚姻圈与婚姻市场既有区别又有联系。婚姻市场指婚龄期男性和女性择偶关系的总和,表现为在一定的时间和范围内,在婚姻领域人们对婚姻配偶的供给和需求的关系。一个人在进入婚龄后,就自觉或不自觉地置身于婚姻市场中,被纳入对配偶的供给和需求的关系体系,在这个婚姻市场的供求关系中进行比较、选择和匹配。陈友华以婚姻挤压为视角分析了婚姻市场中男女之间比例的差异。[1]

施坚雅在对中国农村市场与社会结构的研究中发现了市场圈与婚姻圈的密切关联性,即人们往往在初级市场圈内娶亲,媒婆总是在集市上给人说媒;而杜赞奇所指出的市场体系理论只能部分地解释联姻现象。虽然集市辐射半径在限定联姻圈和其他社会圈方面有着重要作用,但联姻圈有着自己独立的中心,并

---

[1] 陈友华.中国和欧盟婚姻市场透视[M].南京:南京大学出版社,2004:2.

不一定与集市中心重合。即使联姻圈包含于市场范围之内，但也有理由相信集市中心并不一定是确定婚姻关系的地方。亲友网络之所以能够在通婚圈的形成中产生作用，是因为在以农业生产为主导的、生活相对封闭的乡村，许多信息是通过人的流动和人际交往传播的。如果不同村庄的人有亲戚关系并且相互往来，那么这种往来就成为相互传递信息的有效方式，有关男婚女嫁的话题也就会在各种亲友关系中得到传播，那些有娶嫁需求的人们就可能从中获得有价值的信息，由此形成建立婚姻关系的契机。用杜赞奇的话来说，就是"求亲男女双方居住于对方村中的亲戚朋友往往是促成或拆散一对青年男女的关键人物"[①]。本书中的婚姻圈包括婚姻的社会圈和地域圈，社会圈即农民工婚姻对象选择的社会场域，地域圈指农民工的婚嫁距离，即农民工婚姻的地域。生活、生产实践空间的转换，使青年农民工的婚姻策略发生了微妙的改变。婚姻社会场域与地域场域的变化能在新生代农民工婚姻策略中反映出来，进而反映出中国城乡社会结构的变迁。

第一节　社会场域——新生代农民工婚恋圈的同质性

社会场域即新生代农民工在婚姻这一场域中的社会位置或社会地位。郑杭生把婚姻看成是人类初级社会圈[②]，婚姻的社

---

① （美）杜赞奇.文化、权力与国家：1900—1942年的华北农村[M].王福明，译.南京：江苏人民出版社，1995：19.
② 郑杭生.社会学新修概论[M].北京：中国人民大学出版社，2005：215.

会性指这种行为无不受到当时道德、法律、传统习俗,以及不同政治、经济、文化水平的制约,而且随着时代的变化而有所变化。① 在阶级社会,每个人都具有阶级的属性,这为婚姻也打上了阶级烙印。作为统治阶级或各类既得利益集团,为了保持和扩大自身的政治、经济权益,常常把婚姻当成政治棋盘中的筹码,因而出现了一个个命运与共、利害攸关的不同阶级、不同层次的婚姻。在阶级社会中,统治阶级规定的良贱不得通婚等思想反映出婚姻圈的阶级社会属性。美国社会学家劳曼指出,社会分层与社会交往之间存在着很强的相关性,亲密的关系如朋友、婚姻、兴趣群体等,都是建立在相同的地位阶层之上的。②

在影响通婚的因素中,社会地位、文化上的相似性、收入、空间距离、居住地区(隔离对通婚的影响)、教育设置(群体中教育程度高的人所占比例对通婚行为的影响)、居住社区对群体交往的态度(偏见、歧视、排斥、怨恨和宽容)、人口流动、社会意识和社会认同、制度以及生活方式等,都被用来作为解释影响群体通婚的因素而考虑在内。③ 在当前社会阶层化的背景下,中国新生代农民工阶层的生存状态,是一个不断被建构的结果,他们在社会资源、话语权、社会控制权等方面都处于弱势地位。身份困境、住房困境、保障困境、工作困境、认同困境成为阻碍他们真正城市化的五大障碍。他们无法获得稳定感、安全感。这种受到人为制度性安排和社会结构阻隔所形成的障碍,成为当前新生

---

① 郭松义.伦理与生活:清代的婚姻关系[M].北京:商务印书馆,2000:27.
② EDWARD O. Laumann, Subjective Social Distance and Urban Occupational-Stratification[J]. American Journal of Sociology, 1965(1).
③ 卢国显.农民工:社会距离与制度分析[M].北京:社会科学文献出版社,2010:97.

代农民工城市化进程中无法突破的"玻璃天花板"。虽然他们正处于婚恋的最佳时期,但由于特殊的身份和不确定的生存状态,使得他们的婚姻面临重重困境,使得农民工的婚姻策略仍会受到传统婚姻惯习和所处境遇的深远影响。

新生代农民工虽然工作、生活在城市,但由于工作不稳定、流动性太大、交际范围窄,他们的社交、生活大多局限于这个群体之内,难以融入工作所在城市其他人群的社会生活中。[①] 由于在工作上的勤奋程度、技术能力、智力因素、机遇条件、社会关系等方面的差别,新生代农民工也会产生一些分化,有的开了公司做了老板,有的收入很高,甚至超过城里白领,但这些所谓的"高级农民工"的比例毕竟很少。即使这些农民工在经济收入上获得了成功,但由于文化、教育背景、生活经历的巨大差异,很少有城市女孩或从农村考出来的女大学生会嫁给这些"农民工暴发户",因为有调查显示:当下的"门当户对"已经不是简单的地域或家境的差别,更在于双方的价值观、成长背景、生活方式和习惯的一致。大部分城市青年、大学生往往会追求与自己"价值观念一致""价值观念门当户对"的婚姻伴侣,对于经济收入,只要不是太差,一般都可以接受,而农民工娶城市女青年、女大学生的却很少见。

从新生代农民工与市民的婚姻意愿上来看(婚姻意愿就是群体通婚的心理期望,农民工与市民的通婚意愿指的是农民工在主观心理上对与市民通婚的期望和心理倾向性,这种主观状态包括复杂的心理机制),据 2006 年,对北京、上海、广州三大城市进行的调查数据显示,在未婚的 135 个样本中,有 65.9%的农

---

① 张庆宇,侯双.新生代农民工婚恋模式探析:基于南漳县 5 村新生代农民工婚恋意识和行为的调查[J].长春理工大学学报(社会科学版),2012(10):59-61.

民工"从没有考虑过"与市民谈恋爱或结婚,只有34.1%的人"考虑过",但实际意愿成功的不到1%。在120个没有配偶的农民工中,有60.8%的农民工"从没有考虑过"与市民通婚,有39.20%的农民工"考虑过"与市民通婚。可以说,考虑过与市民通婚的农民工可能就是那些在事业上获得成功并拥有一定经济社会地位的农民工群体,如做生意发财的。而在市民群体中,有将近超过2/3的市民不愿意子女与农民工通婚。为了进一步测量市民与农民工的通婚意愿,在市民问卷中设计了"您愿意哪种人成为您的女婿或儿媳妇"这一问题。调查结果显示:排在第一位的是公务员,其次是教师和科研人员,再次是企业老板、企业职工,而农民工就业率比较高的几个行业如菜市场摊主、饭店服务人员、建筑工人的百分比都非常低。[1] 由此可见,几乎没有市民愿意让农民工成为女婿或儿媳妇,市民与农民工的婚姻距离非常大。

据调查,上海市在1991—1995年间登记的两地户口婚姻中,外地一方婚前是农业户口的占85.5%(注:上海市民政局与上海市计生委于1996年在全市范围内随机抽取了10%的居委会和村,逐户调查了1991—1995年间登记结婚的两地户口婚姻,获得了3 600个有效样本)。从性别结构来看,在城市两地户口婚姻的结合中,以城市男性娶外地女性为主,在上海市1991—1995年登记的两地户口婚姻中,外地一方中的女性占91.6%。[2] 有的打工妹为了在城里"站稳脚跟",常常不得不

---

[1] 卢国显.农民工:社会距离与制度分析[M].北京:社会科学文献出版社,2010:97.

[2] 丁金宏,朱庭生,朱冰玲,樊华,孙小铭,林克武.论城市两地户口婚姻的增长、特征及其社会政策寓意:以上海为例[J].人口研究,1999(5):1-8.

牺牲自己的婚姻幸福。若他们嫁给城里人,往往不得不降低择偶标准,屈身下嫁。①

新生代农民工大多处于恋爱、结婚的年龄,迫在眉睫的婚姻也给打工男性和女性对农村生活的思考赋予了不同的色彩。对男人来说,婚姻标志着他作为所在社区完全成员的身份获得,以及支撑和繁衍他的家庭的责任承担。当一个新生代农民工想回到农村老家时,他最可能想到的是把农村作为他的认同以及所依据的持续关系和责任的主要地方。相反,对女人来说,婚姻标志着一个基本的断裂:离开她出生的家庭、自主性的丧失、来自亲戚朋友支持的丧失,以及在几乎一无所知的婆家的权威下担当起新的繁重责任和任务的假设。这也意味着与男性打工者相比,女性打工者更倾向于将城市的未来视为比农村生活拥有更大的发展潜力,并且她们通常比男性怀有更大的忧虑和恐惧看待返乡这件事。

年长一些的已婚打工者,无论是男性还是女性,在他们对城市和乡村所在地方的看法上也跟年轻的农民工表现出不同的倾向。因此,当年轻的农民工怀揣着寻求自我发展和开阔视野的动力来到城市时,年长一些的农民工对其家庭的延续和自己不断增长的年龄的关注,使得他们将自己的未来定位在引退到农村,即使那样的引退是在许多年之后,并且常常是在几乎没有什么要求的情况下。年轻和年长两个农民工群体的情况反映并强化了关于现代性、都市性以及对城乡之间同时代性的否认的主流话语。

从以上的分析我们可以看出,由于我国婚姻"门当户对"惯

---

① 刘倩.户籍制度背后:打工妹生存状态及社会心理[J].中州学刊,2001(6):180-184.

习的深远影响,城乡"二元分割"的户籍制度及城乡差别的客观存在,上海新生代农民工在工作、收入、社会保障、福利等方面,除了一些具有特殊技能的优秀农民工之外,他们与上海城市居民相比,存在很大差距。因此,新生代农民工在城市中处于边缘化,他们婚恋的社会场域大多发生在同是在上海打工者,或是与自己一样外出打工的家乡青年范围之间,是"门当户对"的婚姻。

第二节 空间场域——新生代农民工婚姻的地域圈

婚姻的空间场域指婚姻距离,也叫婚姻的地域圈。婚姻的空间场域与人们的活动空间、社会的政治、经济条件、传统思想、生活习惯等有关。中国传统农民的婚姻空间场域比较狭窄,主要是受生活圈的限制。另外,长期相对封闭的小生产者排他思想,也限制了通婚地域的延伸、扩展。

一、改革开放前农村的婚嫁距离

以前我国农村婚姻远距离嫁娶的比例很小,这主要是受客观条件的限制,主要表现在以下三个方面。

(一)受到交通条件和社会风俗的限制

我国经历了几千年的封建社会,社会经济发展一直较为缓慢,尤其是近100年以来,中国在经历了外国殖民侵略、八年抗战、三年解放战争的严重破坏后,国民经济更是千疮百孔,基础非常薄弱,这就导致我国的交通条件非常落后。即使在改革开放前期,我国广大农村地区的交通条件也是非常落后,柏油路、水泥路等公路很少,汽车等现代交通工具也很少,村民外出基本上靠走。L村所在的P县,直到解放后的1951年才修建了两条省级公路,当时还是土路,1958年为砖渣碎石路面,1966年才改建为灰土基层柏油路面。L村所在的乡镇政府驻地离县城15公里,1961年修成土路,1976年修成砖渣碎石路,1987年才民办公助修成柏油路面。① L村离所在的乡镇有6公里,村前有一条土路通往所在乡镇,这条路直到2002年国家实施村村(行政村)通公路时才修成柏油马路,但目前各自然村通往最近的柏油马路或各自然村之间仍是土路相连,每逢下雨,村中就一片泥泞,很不好走。

(二)受繁重的农业经济形态的影响

中国古代婚姻嫁娶的地域大致上都局限于本县、本乡或本村。富裕的家庭讲究门当户对的传统,重视门第,通婚的地域圈与一般百姓相比相对大一些。我国封建社会经济结构主要呈现为小农经济与地主经济的对立统一,总体属于自给自足的自然经济。每一村庄便是一个属于自然经济、自给自足性质的聚居点。一般而言,以耕作为主、交通落后、缺少迁徙流动的农业社会,婚姻圈比较狭小,主要是婚姻方式和信息渠道限制了婚姻圈的扩展。在传统时代,农村居民世代居住在一个地方,职业流动较少。而依照习俗要求和法律规定,婚姻缔结又需要媒介从中沟通和做出保证。在正常情况下,能够充当媒介者多为亲戚、朋友和熟人,这是本代和上代所积累的社会关系,他们多居于三乡五里之内,这就决定了婚姻圈基本上只能在这样的范围内。对女方来讲,在长期以来的"从夫居"为主的婚姻习惯下,无论家

---

① 平舆县志[M].郑州:中州古籍出版社,1995:317.

长,还是女性本人,都希望婚嫁行为发生后,相互间仍能经常来往。在交通工具落后的时代,要保持这种密切关系,只能嫁在近处,才能方便走动。①

我国农业生产长期以来是以繁重的手工劳动为主,到了庄稼收获及播种的季节,亲戚之间可以互相帮忙,平时家庭发生什么大事,也可以照应一下,逢年过节走亲戚也比较方便,农业社会人与人之间的关系比较单纯,通常局限在血缘和地缘的狭窄范围之内,所谓"出入相友,守望相助",亲戚朋友就是最重要的社会关系。

(三)受传统观念的深远影响

在古代中国,一向有安土重迁的观念,无论从文学意义还是伦理学的意义上,"乡"和"井"都是一种很深层的象征。"远嫁"在传统语汇里,乃为不幸和凄凉的同义词。不用说嫁到塞外番邦,对于中国家庭来说,就算嫁女到邻县,都已经嫌山高水远了。"父母在,不远游""美不美,故乡水;亲不亲,故乡人""女儿不远嫁""独在异乡为异客,每逢佳节倍思亲"等传统民族心理,也抑制着人们的远距离婚嫁。所以,近距离通婚在农民和其他平民中具有普遍性;地主和大户人家的近距离通婚也颇为常见。总之,中国人的乡土观念极重。

二、改革开放后农民工的婚嫁距离

中华人民共和国成立后不久,国家就实行了城乡二元分割户籍制度,把城市居民和农村居民以户籍为标准严格区分开来,不允许农民在农闲时到城市打工谋生,这样就把农民死死地限

---

① 王跃生.社会变革与婚姻家庭变动:20世纪30—90年代的冀南农村[M].北京:三联书店,2006:97.

制在土地上,使农民的婚嫁距离与中华人民共和国成立前相比并没有很大的变化。改革开放后,国家逐步取消了对农民在农闲时到城市打工的限制,特别是1984年,中央出台《中共中央关于1984年农村工作的通知》,允许农民自备口粮进城务工,这才使广大青壮年农民能够在农闲时到城市打工,这成为农民外出打工的法律依据。外出打工扩大了第一代农民工的交往圈,会不会对他们的婚嫁距离产生影响呢?

邱泽奇、丁浩等学者认为,改革开放后,大部分青壮年农民虽然可以在农闲时到发达地区务工,但交际圈的扩大、眼界的开阔,并没有使他们的婚嫁距离发生很大的改变,相反的是农村的婚嫁距离在缩小。1988年,他们对湖北省麻城市王福店乡三个村356对已婚夫妇的婚嫁距离进行了调查。结果显示,婚嫁距离在7.5千米以内的占绝大多数,其中5千米以下的占了近60%。在近距离通婚中,村内婚又占绝大比例。近距离通婚随年龄组的下降而逐渐有所加强,即通婚圈呈缩小趋势。吴重庆通过对福建东南沿海的莆田孙村不同阶段的通婚情况的调查得出结论,通婚圈呈明显的缩小趋势。通婚的平均距离由解放前的6.2千米变为解放后的4.2千米,再变为后来的2.5千米,呈明显递减趋势。雷洁琼等人认为,改革开放后农村婚嫁距离变化不大。他们于1987年至1988年对全国六个省市的2 799位农村居民进行调查,调查了户主与其配偶婚前双方家庭距离,调查结果显示,近距离通婚是一种普遍现象,1/5的婚姻发生在0.5千米之内,3/5的通婚发生在0.5—2.5千米之内,各年龄组的婚嫁距离大致相同,表明婚嫁距离变化不大。王金玲等学者对浙江省1980年代异地联姻现象进行研究后发现,浙江省农村外来媳妇至1990年底人数达到十几万,异地联姻在1986年后逐渐形成高潮,通婚圈急剧扩大。史清华在2000年通过对浙江省3个村的平均婚嫁距离的调查,得出如下结论:随着时代变迁,平均婚嫁距离呈典型"U"型分布,通婚圈有扩大趋势。①

根据一般的推论,当前经济、社会与以前相比有了更好的发展,交通也更为发达,青年农民到城市打工,随着交往圈子的扩大,其婚姻的社会圈和地域圈也会相应扩大,即青年农民工的婚嫁距离与父辈们相比应该会扩大很多,实际情况会不会这样呢?

2023年4月,国家统计局发布《2022年农民工监测调查报告》。报告显示,2022年,全国农民工总量达29 562万人,50岁以上农民工所占比重为29.2%。根据本书写作、对比的需要,依据年龄的标准,笔者把改革开放后到城市打工的农民工划分为以下两种类型。一是改革开放初期(1978年到20世纪80年代中后期)到城市打工的农民工,这一类农民工大多生于20世纪50年代到20世纪70年代,有的学者称其为第一代农民工。二是出生于20世纪80年代以后到城市打工的农民工,他们的年龄一般在18—45岁之间,有的学者称他们为第二代农民工、第三代或新生代农民工,这类农民工一般是第一代农民工的子女,与父辈们相比,他们的经历发生了很大的变化。他们当中很少或基本没有从事过农业劳动,他们具有一些在城市里谋生的技术,比如做厨师、房屋装修、电焊、司机等。即使在农忙时,他们也很少回家帮助家人,一般常年在外务工,只有过春节时才会回家。

(一)第一代农民工的婚嫁距离

第一代农民工的本质上是地地道道的农民。他们深深扎根于农村,有着或长或短从事农业生产的经历,或者是以农业生产

---

① 唐利平.人类学和社会学视野下的通婚圈研究[J].开放时代,2005(2):153-158.

劳动为主。他们只是在农闲的时候才到城市里打工挣钱以补贴家用,农忙的时候会义无反顾地回到家乡从事农业生产。他们大多生于20世纪50—70年代,并于20世纪80年代或90年代初进入城市,他们之所以成为外出的流动打工者,是因为体制的变化为他们提供了新的谋生机会。尽管如此,他们的根仍然在农村,家庭在农村,亲友在农村,所熟悉的社会是农村,其最终的归宿也是农村。当时,他们出来打工的目标也很明确,挣够盖房子、娶媳妇的费用就准备打道回府。但在最近几年,城市中许多企业已经开始明文要求用工的年龄在40岁或者35岁以下,特别是城市用工规范后,政府要求用人单位必须为打工者缴纳综合保险,而超过60岁的人就不能再缴纳社会保险。而这也使得原来适应于60岁以上农民工的,如清洁工、门卫、绿化等岗位不再招收年龄较大的人员。因此,近些年来大量40岁以上、近60岁的农民工纷纷返回农村。其中,有的体力透支,甚至身体残疾,这是第一代农民工遭遇的独特问题。①

　　由于没有什么特别的技术,加上当时国家经济没有现在发展这么快,这一类农民工在城市中大多从事着较为繁重的体力劳动,如建筑、搬运、环卫、井下挖煤、砖场苦力等。这一类农民工在城市的"拾荒者"中也占据一定的比例,因为新一代年轻农民工不愿从事又脏、又累、不体面、挣钱又不多的工作。目前,在城市中从事环卫、绿化工作的以及在城市中的"拾荒者"大多是从农村来城市打工的第一代农民工,他们年龄已经偏大,出来的目的已发生变化,很多人认为自己还能干活、还能挣些钱,主要是觉得年龄大了不能给子女添麻烦,争取自食其力。在上海大

---

① 孙立平.在代际传递中实现城市融入[EB/OL].[2015－6－27]http://blog.sociology.org.cn/posts.html?cateid=2.

学宝山校区附近的几条马路上,从事环卫清洁、绿化的农民工年龄大多是50多岁,他们在年轻时都有过到城市打工的经历。

(二) 第二代农民工的婚嫁距离

第二代农民工与第一代农民工相比,有着本质的区别。新生代农民工的群体特征突出表现为:年龄普遍较小,他们大多出生于20世纪80年代以后。他们是伴随着中国改革开放成长起来的一代,没有经历过他们父辈们所经历过的苦难,是没有经历过饥饿的一辈人。他们基本没有务农经历,有时只是学校放假期间回家帮一下忙;他们没有种田的经验,也不想种田,不想跟他们父母"面朝黄土背朝天"那样在农村待一辈子,受一辈子穷。与父辈们相比,他们大多受过程度较高的学校教育,至少是初中毕业,有一些还上到高中毕业,他们之中有些是因为家庭贫困而失去上大学继续深造的机会。

从进入城市打工的动因看,第一代农民工普遍将谋生活、赚钱作为第一目标,基本上是单一的经济型目的,目前第一代外来工大都已经返回农村。新生代农民工则还抱着"习惯外出生活""羡慕城市现代文明"和"外出能够享受现代生活"等目的,其外出动机具有经济型和生活型并存的特点;对制度性身份的认可在减弱,农民身份被赋予了更多的社会涵义,除了户口簿上的"农业"二字,他们和面朝黄土背朝天的"农民"职业已经基本无关。

很多新一代青年农民工不愿再回农村,虽然今天他们的"根"不在城市里,但他们是"无根的新市民"。朱力把新一代农民工称之为"准市民身份",并把改革开放以来外出的农民工分为返乡型、徘徊型、滞留型三种。[①] 返乡型农民工群体以第一代

---

① 朱力.准市民的身份定位[J].南京大学学报(哲学·人文科学·社会科学),2000(6):113-122.

外出务工的农民居多,其中很多人已完成了"农村—城市—农村"这种循环模式的最后一环,即重新回到农村,再次踏入田间劳作或回乡度过晚年。徘徊型农民工对自身的定位比较模糊,一方面他们已适应城市的部分生活,也希望能通过勤奋的努力留在城市里;另一方面,城乡二元分割的户籍安排以及城市居民对他们的歧视和隔膜,又使他们感到自己仍是城市的边缘人,他们也知道真正融入城市生活的希望非常渺茫,但他们又不愿意轻易放弃努力。一方面,新生代农民工虽然从小生活在农村,但他们没有亲自经历过,中国农民在改革开放初期得到属于他们的土地后的强烈亢奋,他们的记忆或许是农民负担的沉重、农业劳动的繁重,家乡留给他们的更多是一种日渐衰败的贫瘠回忆。另一方面,他们对城市生活的向往则远甚于父辈,他们的价值取向日趋多元化:一是价值观基础由群体本位向个体本位偏移;二是价值判断标准从理想主义转向现实化、实用化;三是价值取向由单一型向多元化趋势发展;在道德认知、政治意识、社会评价、情感态度上已和传统农民"诀别"[1],他们能够接受改革开放以来出现的各种新观念,形成了新的认知与思维模式。他们中的许多人还没有建立自己的家庭,没有或有较少的家庭负担,其中大多数人基本没有务农的经历,而是从学校毕业后就直接流动出来的,有的甚至连基本的农业劳动常识和技能都缺乏,因此他们自身的经历和年龄也不足以在家乡积攒起足够的人际关系,"叶落归根"对他们已不具有很大的吸引力。而且他们外出的动机和对未来的预期也明显不同于上一代打工者,他们不但希望在城市中谋生,更希望在这种经历中得到历练,甚至找到新

---

[1] 陈占江,李长健.新生代民工的发展困境及其解决机制[J].求实,2006(1):53-55.

的归宿。滞留型农民工大多是在城市中发展较为顺利并具有一定经济实力的人。他们常年在外打工,对种地已没兴趣,对家乡的概念很模糊;他们努力工作,在城市拥有相对稳定的职业和生活,也受到城市居民的认可,但户籍制度的存在使他们始终认为自己还是农民,因此滞留型农民工迫切希望取得工作所在地大城市的户口,以给自己"正名"。①

一些调查表明,尽管多数新生代农民工对于自己的未来并没有清晰的想法,但不愿意回到农村去,几乎是其中大多数人的想法。对此,有人将其称之为"踏上不归路",这一类人大多属于徘徊型、滞留型的农民工。他们对城市充满了幻想与向往,他们呼吁改变,尤其是希望国家尽快取消"户口特权",被人称为"无根的新市民"②。程启军、曾小龙认为,新型农民工的生存之道是新生存主义,他们与第一代父辈时期的农民工的差异可以用下表来描绘③:

第一代农民工与新生代农民工比较表

类型	年龄特征	教育水平	身份认同	乡土认同	外出动因	行为选择	主体意识
第一代	中壮年	低	农民	强	赚钱	来去自如	弱
新生代	青年	较高	工人	弱	寻发展	滞留城市	强

---

① 朱光磊.当代中国社会各阶层分析[M].天津:天津人民出版社,2007:294.
② ZHU YUCHEN. Migrant Workers[J]. Women, 2006(3):22-26.
③ 程启军,曾小龙.新生存主义:新型农民土的生存之道[J].青年研究,2006(11):25-30.

中华人民共和国成立后,我国不同年代的农民及外出打工农民工的婚嫁距离是一个逐步演变的过程。霍宏伟通过对山东省济阳县江店乡贾寨村中华人民共和国成立50年来婚姻圈研究的个案分析,得出以下结论是:① 婚姻圈范围狭小,多数集中在5千米以内;② 中华人民共和国成立50年来,婚姻圈的变动区间的绝对值不大,相对比率很高;③ 本村或邻村通婚频繁。作者认为影响农村婚姻圈狭小的原因不仅有经济力方面的原因,也有文化观念、国家政策以及农村特殊的社会关系等方面的原因,例如农村养老保障体系尚不健全,独生子女不断增加使得养老问题日益严重,婚介途径结构和择偶标准的变化影响了择偶范围等。① 这说明中华人民共和国成立后,尤其是改革开放后,农村的婚姻圈出现逐步扩大的趋势,但绝大多数农村的婚姻圈在10千米以内,这一变化既与中国农村经济体制改革有关,也受到农村传统婚姻"惯习"以及农村实际情况的影响。

改革开放前,国家限制农民到城市打工,再加上交通、信息闭塞,当时我国的农业机械化水平很低,农民一年到头在田间辛苦劳动,很少有机会外出,而且他们很小就深受"叶落归根""父母在、不远游"等传统观念的影响,因此他们的婚嫁距离就局限在他们家乡附近,这是由当时我国客观的社会、经济条件、传统文化以及国家的政策所决定的。

改革开放后,尤其是从20世纪90年代中后期到现在,国家大力鼓励农村剩余劳动力到城市打工,尤其是近年来,政府站在"构建社会主义和谐社会"的高度,不断为改善农民工的工资待遇、生活环境、子女入学等创造更好的条件。S厂结过婚的打工

---

① 霍宏伟.我国北方一个农庄的婚姻圈研究:对山东省济阳县江店乡贾寨村的个案分析[J].社会,2002(12):36-40.

者一般出生在20世纪80年代中期之前,当时我国的计划生育政策在农村尚处于起步阶段,处罚力度并不大,在当时的农村,"多子多孙多福""重男轻女"等观念对农民们仍有很大的影响,村民只要象征性交一些罚款,就可以继续生育孩子。

一方面,当前我国广大农村还没有建立有效的社会养老保障制度;另一方面,传统观念认为"百善孝为先",农村人口的养老主要责任在于家庭,农民有土地等资源进行保障,除非万不得已,农民是不愿去福利院养老的,在福利院养老会被认为是孩子不孝顺。但是,随着市场经济的不断发展、城市化进程的加快、家庭规模的缩小和老年人口数量的上升,农村养老形势日益严峻,农民与城镇居民一样面临着市场带来的难以预料的生活风险。作为一种传统的、延续了上千年的反哺养老模式,家庭养老至今仍在农村的养老中发挥着重要作用。家庭养老实际上是老年人在劳动力衰退、健康状况下降、经济收入减少的情况下,家庭成员为老人提供的各种帮助,包括物质、服务和精神方面的帮助,家庭成员包括配偶、子女、亲属。家庭养老实际上是家庭成员进行代际交换的"反哺式"养老。这种养老形式因为能够体现人们之间的亲情关系,能给予老年人全方位的生活感受,包括生活照顾及天伦之乐等,这种养老方式有着其历史的合理性和惯性,是其他任何形式所无法替代的。

由于我国农村计划生育政策的施行,新生代农民工的父辈基本只有一两个孩子,并且目前农村社会保障机制还不健全,所以"养儿防老""父母在,不远游"的传统观念仍影响着新生代农民工的父母。他们更期望孩子能在身边照顾自己,其潜意识里对陌生人的防备心理也使父母期望自己的孩子在家乡找个知根知底的对象,所以父母在为孩子选择婚恋对象时,还是倾向要求孩子找对象时在乡下老家附近找。如2007年4—8月,刘淑华在沈阳针对农民工的婚恋取向对20名农民工进行了多次深入访谈。其中一个被访谈对象JMM(男,21岁,初中毕业,外出打工3年)说:"在城市打工有时感到真的很无聊,工资太低,工作还不稳定,流动性很大,到这里还没一年我就换了三次工作。我们寝室每天都睡得很晚。前两年我也想在外面找个,感觉在外面找个比家里的要感情好,但是我每次给我爸打电话说想在外面找对象这件事,他都把我训斥或骂一顿,说我在外面找就把我的腿打断。他认为外面的女人不可靠,再说家里就我自己一个孩子,找个外面的结婚家里人担心我到女方家住,结果在外面已经打了两年多的工,也没找到女朋友。去年回老家过春节时见了好几个,感觉还可以,就和其中的一个订婚了。"[1]据统计,目前全国90%以上的农民仍依靠家庭养老。但是,随着计划生育政策的普遍推广、农村城镇化步伐的加快以及市场经济的高速发展,给农村家庭养老模式带来了很大的冲击,传统的大家庭开始大量解体,家庭人口锐减,家庭结构趋向小型化、核心化。一对夫妇供养4位老人,无论是目前的家庭收入,还是夫妇能够用于赡养的精力和时间来说,都难以满足老年人的养老需求。例如,2005年,全国共有家庭户39 519万户,家庭户人口为123 694万人,平均每个家庭户的人口为3.13人;集体户人口为6 934万人。与第五次全国人口普查相比,平均每个家庭户的人口减少了0.31人。城镇平均每个家庭户的人口为2.97人,农村为3.27人。[2]

---

[1] 刘淑华.家乡的"归根"抑或城市的"扎根":新生代农民工婚恋取向问题的研究[J].中国青年研究,2008(1):47-50.
[2] 中华人民共和国国家统计局.2005年全国1%人口抽样调查主要数据公报[EB/OL].[2011-01-20]. http://www.stats.gov.cn/tigb/rk-pcgb/qgrkpcgb/t20060316_402310923.htm.

目前,我国虽然建立了农村社会养老保障制度,但也面临一些问题:一是保障水平低。由于资金来源有限,集体提供的供给相对较少,每个供养者所享受的标准相对较低,虽在一些经济较发达地区,集体保障水平较高,但从整体上来说,集体老保障水平仍然较低。① 虽然从 2009 年起,新型农村社会养老保险开始实施,待遇水平大幅提高。但在大多数地区,人均待遇水平仍较低。据《中国统计年鉴》显示:2009 年我国农村养老覆盖率是 10.2%,城镇是 39.6%。例如,2011 年 4 月,P 县 L 村的李某刚满 60 岁,由于去年他一次性补交了 15 年的农村养老保险金,所以从 2011 年 4 月份起,他每个月可以领 110 块养老保险金。而这笔钱对他来说只够买菜、盐等日常生活用品,遇到大的事情还是很难解决,但李某很满足,因为有总比没有好,他还是感谢国家为农民着想。二是覆盖范围小。以"五保"对象为主的养老保障形式仅仅把保障的目标人群局限于传统的特困老人,使得目标人群涉及面较窄,而将那些虽有子女但由于子女常年在外打工等原因而得不到相应照顾、又需要集体给予照顾的老年人拒之门外,保障缺乏真正的社会性,已经不能满足农村新的养老保障要求。② 三是服务水平低。农村"五保"等养老服务中的服务人员大都缺乏必要的养老专业护理训练,护理水平和护理意识较低,使老人不能得到悉心的照顾,不能体现服务和保障的基本要求。目前,在我国的新农村建设中急需建设一支新型的养老服务队伍,培训新型的养老服务人员。还有就是农村思想观

---

① 王石泉.中国老年社会保障制度与服务体系的重建[M].上海:上海社会科学院出版社,2008:227.
② 王石泉.中国老年社会保障制度与服务体系的重建[M].上海:上海社会科学院出版社,2008:227.

念落后,"养儿防老"的观念已经在中国农村延续了数千年,而且在人们的心中根深蒂固,再加之中华民族具有尊老、爱老、养老的文化历史传统,农民普遍认为家庭养老和养儿防老是天经地义的事情。① 因此,大部分村民认为今后的养老问题基本上还是依靠自己和子女,当年龄偏大、行动不便或生病时,主要靠子女照顾。

农村中只有一个孩子的家庭,因为要考虑到养老问题,所以父母一般不会让自己的子女嫁到很远的地方去,父母也不愿意在年老时到外地去养老,那样将来父母年龄大时,子女就很难照顾到,除非子女考上大学,在城里工作,能够把父母接到身边。

因此,与改革开放前、后初期农村普遍的大家庭相比,在当前农村家庭普遍小型化、子女少的情况下,父母不希望自己的子女嫁到很远地方,其主要客观因素就是未来自己的养老问题。同时,也是为了更好地帮助家里搞好农业生产、照顾留守孩子生活、上学的现实需要。一方面是由于国家计划生育政策的原因,他们所在的家庭子女很少。另一个方面是我国广大农村居民还是依靠子女为主要的养老方式,所以各种客观因素使他们很少选择婚嫁到离家很远的外地去,跨省的婚嫁距离比例就比较低。

对生产、生活的考虑,也是影响当前青年农民工婚嫁距离的重要因素。"在当地找一个对象,逢年过节,亲家之间方便走动,平时有什么事情也有个照应","孩子也可以由爷爷奶奶和外婆外公轮流照顾,减轻一下负担","平时农忙,大家也可以相互帮忙",这些朴实的话语透露着农民工在婚恋时对生产、生活因素的考虑。在农村,农业生产一直是一个家庭最重要的生产活动,

---

① 王石泉.中国老年社会保障制度与服务体系的重建[M].上海:上海社会科学院出版社,2008:229.

加上父母大多年事已高,单靠一人或两人之力很难完成抢收、抢种等大的农业生产劳动,这时就需要多人协作共同完成。一些身体好的、60岁左右的老年人往往会选择外出打工,留守农村的多是那些被称为"三八六零九部队"的妇女及老弱病幼人员。虽然近几年来,当地在收割和耕种等方面机械化程度逐步提高,但农户还是以分散劳作为主,很少有专业的农业生产合作社进行联合劳动。农业生产是高强度的体力劳作,播种、除草、施肥、灌溉和收割时的粮食运输等对劳动量的需求很大。在外打工的青年农民工因来回开销大,加上粮食价格持续低迷,他们不愿在农忙时回来收割,原因是有时打下来的粮食卖出的钱还抵不上来回的路费及耽误的工钱。而近距离婚姻的出现则可以在很大程度上以姻缘为纽带对两个家庭甚至家族的劳动力进行组合,进而有利于主要劳动力外流时每个家庭搞好农业生产。唐利平指出,家庭联产承包责任制改变了农村的生产经营方式,每个农户成为独立的生产单位,为了有效地实现自己的利益必须自主同外界交往,寻求支持和帮助,近距离通婚则为亲戚之间互相帮助和合作创造了现实条件。但他也认为,婚姻距离缩小无论对农民个体还是整个社会发展来讲都是不利的,特别是对农村人口素质的提高构成威胁,使农村社区长期处于封闭保守状态中,容易导致宗族势力的膨胀,不利于农村社会经济文化的发展等。[①]

虽然一些男性农民工也很想和城里人结婚,但由于工作、生活环境的制约,使新生代农民工在城市中能够接触的异性非常有限。他们意识到在城市找对象无望后,新生代农民工——这

---

① 唐利平.人类学和社会学视野下的通婚圈研究[J].开放时代,2005(2):153-158.

个城市边缘群体最后还是要按照中国传统思想寻根,回乡村找一个异性进行婚恋,这在某种程度上是对现实生活的一种接受,同时也是出于对很多客观因素的考虑。因为试图"脱根"的青年农民工在现实中遇到很多因素的制约,当在城市生活的希望破灭之后,或者只是想在城市挣钱以便回到乡村生存和发展的时候,他们经历了"脱根"—"扎根"—"归根"的过程。在这个过程中,不但要经历文化震惊、心理压力、精神苦闷,而且还要经历"农民—农民工—农民"的角色转换、经济压力等。①

虽然新生代农民工在城市工作生活扩大了他们的婚恋选择地域,使通婚圈也扩大到全国范围,但近年来新生代农民工的婚恋圈通过春节期间"闪婚"的结识形式出现内缩。"闪婚"的主要功能是可以降低婚恋成本和解决新生代农民工的婚姻问题。新生代农民工日常交往对象大多是同乡、亲戚和同事,社会关系网络仍然是以血缘、地缘为主,"闪婚"所介绍的对象大多也是知根知底的同村或邻村人,相对狭隘的交际圈也是造成"闪婚"现象的重要因素。"闪婚"大多是因为新生代农民工在城市中无法找到爱情和婚姻,而在年龄不能再拖的情况下或者在父母亲戚等长辈的一再催促下,所做的一种无奈的选择。②

除了以上客观因素以外,主观感情因素也有很大的影响。在调查、访谈的未婚新生代农民工中,有相当一部分人回答他们最终是通过"闪婚"的方式回到家乡去寻找对象,他们认为外面的感情不是很牢靠。隋晓明等人在深圳通过调查青年农民工的

---

① 贺飞.转型期青年农民工婚恋观念和行为的社会学分析[J].青年研究,2007(4):42-48.
② 聂洪辉.男权视角下的新生代农民工"闪婚"现象[J].当代青年研究,2019(2):57-64.

情感生活发现,流动性是导致他们婚姻成功的可能性变得越来越小的一个重要因素。原来想以婚姻为目的的男女,可能因为流动的生活状态,因为居无定所的状况,因为一次偶尔的失业、一次艰难困苦的出现而无法协调男女双方的关系,从而走向陌路。他们选择家乡人结婚的这一类婚姻是比较稳定的,并且能够得到社会各方面的认可接纳,而双方都是流动人口的婚姻,大多是不稳定的,或许结了婚,但离婚率较高。[①]

第三节 小 结

新生代农民工的婚姻圈包括婚姻的社会圈和地域圈。由于中国婚姻中存在着"门当户对"的传统及中国客观存在的城乡二元户籍制度,使农民工在就业、收入、福利等方面与城市居民有着较大的差距,使新生代农民工在城市中处于弱势地位。他们大多漂浮在无根的城市空间,属于城市中的边缘人。新生代农民工的婚姻社会圈大多局限在这一群体之间,在婚姻轨迹上属于"同质"型婚姻,他们很难通过"高攀"的上升婚姻轨迹来改变自己的社会地位。

改革开放初期,由于受到交通条件、社会风俗的限制,以及繁重的农业经济形态及传统观念的影响,改革开放前后结婚的第一代农民工本质上还是农民,他们的婚姻地域圈的婚嫁模式大多在家乡附近,以同村、同乡不同村为主,距离在10千米之间,跨省的婚姻模式很少。第二代农民工与他们的父辈有着本

---

① 隋晓明.中国民工调查[M].北京:群言出版社,2005:37.

质的不同，他们大多受过程度较高的学校教育，基本上没有务农经历，能够接受改革开放以来出现的各种新观念，形成了自己新的认知和思维模式。从宏观视角来看，随着农业机械化水平的逐步提高，大量农村剩余劳动力向城市流动的常规化，使不同地区之间人口交流的范围逐步扩大，乡村社会通婚距离的扩展是必然的，即便是一些认为通婚圈没有随着社会变迁扩大反而缩小的研究者，也不否认其研究个案中也有如跨省、跨地区通婚这样长距离婚姻现象的存在。也就是说，在农村的婚姻现象中存在一种较为普遍的情况，即当前农村婚嫁距离的扩大与传统通婚圈的缩小是同时存在的，只是长距离婚姻的比例很小而已，这种看似矛盾的结论在当前农村语境中其实并不矛盾。

　　由于我国受"养儿防老"传统观念的影响，很多农民从内心深处不愿到敬老院去，再加之我国还没有在广大农村地区建立完善的社会养老保障制度，农村的养老保障基本上还是依靠家庭，主要是靠自己和子女。特别是计划生育政策在我国农村地区的严格实施，使农村家庭规模大幅度减小，一个家庭普遍只有一个或两个孩子，躲计划生育超生的，有三个以上孩子的家庭更是很少。即使是女儿在城市里打工谈到相距较远的外省市男朋友，父母也尽力说服孩子在家乡周围找个婆家，于是很多农村地区在春节期间孩子从外地打工回家时，出现了家长为适龄子女在附近寻找合适对象的现象，进而形成了"闪婚"的潮流。因此，从目前调查和访谈的结果来看，新生代农民工的婚嫁距离在经过相对扩大之后，以重大节日回家相亲的"闪婚"形式走向缩小。

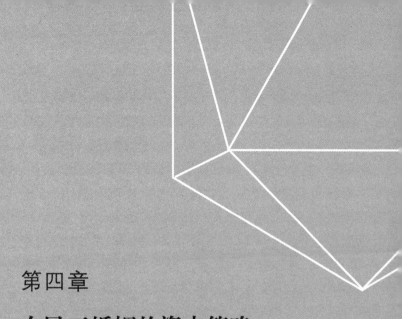

第四章

农民工婚姻的资本策略

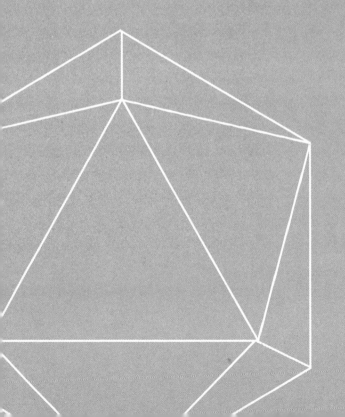

布迪厄在《区隔》一书中，提出了一个具有三维的社会空间结构模式：社会行动者所拥有的资本数量、资本的结构以及资本数量和结构在时间上的演化。他的分析模式的简要公式如下所示：

[(惯习)(资本)]＋场域＝实践

可以看出资本是布迪厄实践理论的重要因素。布迪厄把资本定义为行动者的社会实践工具，并认为资本与场域是相依共存的，资本的价值取决于它所处的场域，行动者使用资本的策略决定于行动者在场域中所处的位置；反过来，场域也离不开资本，场域只是一种网络结构，如果没有资本，空洞的结构也是没有意义。在他的著作《实践感》"土地与婚姻策略"这一章中，布迪厄把法国贝亚恩地区农民对家庭所继承的财产看成是婚姻策略中的资本，这些财产资本包括家庭中的现金、土地，以及子女结婚时的补偿增资等。通过增资这一媒介，婚姻交换受经济支配，倾向于发生在经济上门当户对的家庭，根据一种不言明的最优化计算——以使在家庭经济独立范围内进行的婚姻交易可能提供的物质和象征资本最大化。

马克思把资本定义为"能够带来剩余价值的价值"，是在行动中可以获得回报的资源。马克思所说的资本包括劳动力、土地、资金、设备等生产资料，其为资本家所拥有，并能通过生产与交换的方式，在市场上实现剩余价值，或者说在经济上获取回报。舒尔茨提出了人力资本的概念，弗乃普、伯特、林南从不同的角度提出了社会网络资本的概念。布迪厄把各种有价值的、被当作争夺对象的文化、社会、符号的资源理论化为资本，并把资本分为四个类型：经济资本，指货币与财产；文化资本，指包括教育文凭在内的文化商品与服务;社会资本,指熟人与关系网络;符号资本,指合法性。

本书中的资本概念,在借鉴了布迪厄阐述的基础上,结合新生代农民工的婚姻实践进行了具体界定,并有所增加,即指影响新生代农民工婚姻策略的各种资源因素,包括:自然资本,指行动者的年龄、身高、容貌、健康状况等;经济资本,指行动者的家庭财产与非农挣钱能力;文化资本,指行动者的学历文凭、家庭教育、文化气质修养等;社会资本,指行动者的熟人与社会关系网络等;感情资本,指行动者希望追求、获得爱情等。因此,可以说新生代农民工的婚姻策略是他们运用各种"资本"(或资源)进行互动、博弈的一个立体、动态过程。

第一节 自 然 资 本

新生代农民工婚姻策略中的自然资本是指他们自身天生所具有的自然条件。本章主要论述农民工婚姻策略中结婚年龄、外在容貌这两个与社会转型紧密联系的方面,省略了婚姻策略中对身体状况这一每个社会时期都有所要求,但又不能反映出社会变迁的基本自然条件。

一、结婚年龄

结婚年龄是婚姻中的一个基本自然资本,其既有自然的属性,也有社会的属性,其变化能从一个侧面反映出整个社会的转型与变迁。

中国古代一般都有法定的结婚年龄,每个时代男女结婚的年龄也不尽相同。年龄的微妙变化既能折射出中国社会的传统风俗,也反映出这一时代社会的基本变迁。《周礼》说:"令男三十而娶,女二十而嫁。"这是给当时男女规定的一个嫁娶年限。战国时期,婚龄开始下降,如越王勾践为速报吴国之仇需要增加兵员,下令:凡男20岁、女17岁不嫁娶者,惩办其父母。① 尽管各代对婚龄的要求有所不同,但古代婚姻一般趋向早婚,"多子多福"是中国古代早婚早育一个合乎逻辑的推论。

中国一向以农业立国,但因生产方式落后,致使土地无法被充分利用,而耕种及其他一切农事都依赖人工,所以家庭生产都以"添人进口"为尚,因此有"早种稻子早打谷,早生儿子早得福""早娶媳妇早得济"的谚语。显然,古代农村早娶媳妇的目的是增添劳力,借以繁荣家庭经济。

政治的因素也是积极造成早婚的重要因素。古代社会地广人稀,被朝廷封爵的诸侯都有自己的疆土,俨然一个独立王国。有了封地,就必须有臣民,人多势众,人少势微,所以被封者的统治措施之一就是要充实军备,发展生产,鼓励人民生育子女,以求增强自己的实力。因此,统治者不惜用政治的力量,强迫人民早婚。

由于古代社会崇尚大家族制,若能"五代同堂"或"九世同居",就有无上的光荣,"不孝有三,无后为大"的传统意识非常强烈。做家长的莫不为自己的子孙安排早婚,尽快生子,只有这样,才能保持家庭的社会地位,长此以往,形成了早婚的习俗,并为每个时代所沿袭。② 布莱克和戴维斯在《社会结构与生育率:分析框架》一文中认为,在很强的氏族或联合家庭的控制下,婚

---

① 鲍宗豪.婚俗与中国传统文化[M].桂林:广西师范大学出版社,2006:93.
② 张树栋,李秀领.中国婚姻家庭的嬗变[M].杭州:浙江人民出版社,1990:115.

姻通常由长辈安排的,这往往是子女尚未成熟时早早作出安排。①

中国古代盛行的早婚陋习,从根本上说既是统治阶级政治、经济的需要,也是封建家长制的必然产物。早婚这一现象既反映出中国古代各个时期社会的发展,又体现出国家与民众之间的关系,以及中国封建社会之前几千年来的社会、经济、政治、制度等各方面缓慢的变迁与转型。

在近代中国,女性的平均初婚年龄一直保持在 16—19 岁的狭小范围。男性结婚稍晚,平均初婚年龄在 21 岁左右,有部分人终身未婚。在 1945 年的山东台头村,平均结婚年龄为 20 岁,新娘一般不会小于 17 岁,新郎不会小于 19 岁,穷人家的孩子结婚更晚,而在台头这一地区的其他村庄,据说女孩 15 岁,男孩 17 岁就结婚了。② 地方文献资料对出身不同经济条件家庭者的婚龄也有说明:冀南地区邯郸县"富者订婚多早,贫者订婚多迟"(1933 年《邯郸县志·风俗》),新河县"结婚年龄,富者在 20 岁内,贫者在 20 岁外,或 30 岁不等"(1929 年《新河县志·风俗》),与冀南相邻的山东冠县,"上中家之男子,其结婚年龄多在 15 岁前"(1935 年《陵县续志·风俗》)。

初婚年龄还受社会、经济和文化因素的影响。王跃生通过对 20 世纪 30—90 年代冀南农村进行调查发现,土改前女性最低初婚年龄为 10 岁,最高 23 岁,平均 17.25 岁;男性初婚年龄最低为 11 岁,最高为 40 岁,平均为 18.97 岁。20 世纪 20 年代

---

① 顾宝昌.社会人口学的视野:西方社会人口学要论选择[M].商务印书馆,2009:159.
② 杨懋春.一个中国村庄:山东台头[M].张雄等,译.南京:江苏人民出版社,2001:112.

华北地区男性的初婚年龄为 19.7 岁(7 省 2 330 农家调查,1921 年)、20.3 岁(清河镇家庭人口调查,1928 年)、20.2 岁(定县调查,1929 年);女性为 17.9 岁(7 省 2 330 农家调查,1921 年)、19.3 岁(清河镇家庭人口调查,1928 年)、19.2 岁(定县调查,1929 年)。[①]

在中国,政府的干预和社会经济发展对初婚年龄的提高起到了重要的作用(雷洁琼等,1994;高万珍等,1995;伊勤,1998;张俊良,1999;蔡昉,2000;李东山,2000a;陈胜利等,2002),其中公共政策对婚龄的影响最为重要。如 1957—1970 年冀南农村男性最低初婚年龄为 17 岁,最高为 33 岁,平均初婚年龄为 22.58 岁;女性最低初婚年龄为 17 岁,最高为 27 岁,平均初婚年龄为 21.04 岁。而这主要是 1958 年人民公社的成立,在新的制度环境下,政府对民众婚姻管理的职能得到了加强,有效地抑制了早婚的行为。1971—1980 年冀南农村男性最低初婚年龄为 19 岁,最高为 30 岁,平均初婚年龄为 23.56 岁;女性最低初婚年龄为 19 岁,最高为 27 岁,平均初婚年龄为 23.33 岁。由于这一时期是集体经济时代,农村社员的婚姻行为受到大队和生产对较多的限制,再加上国家对晚婚晚育政策的倡导,这种组织形式使每个社员处于被严格监视或监督的环境下,社员的违规成本较高,因此,这一时期的晚婚政策实施的较好。1981—1996 年,冀南农村男性最低初婚年龄为 18 岁,最高为 37 岁,平均初婚年龄为 22.48 岁;女性最低初婚年龄为 18 岁,最高为 29 岁,平均初婚年龄为 22.15 岁。男女初婚年龄有所下降,男性下降 1.08 岁,女性下降 1.18 岁,这一时期主要原因是 1980

[①] 王跃生.社会变革与婚姻家庭变动:20 世纪 30—90 年代的冀南农村[M].北京:三联书店,2006:56-57.

年9月10日我国颁布了《婚姻法》,规定:结婚年龄,男子不得早于22周岁,女子不得早于20周岁,晚婚晚育应予以鼓励。① 根据国家计生委1982年在全国28个省、市、自治区进行的千分之一人口生育率抽样调查结果显示:妇女平均初婚年龄20世纪40年代为18.4岁,50年代为19.0岁,60年代为19.8岁,70年代为21.6岁,1980年提高到23岁,可以说自40年代以来,全国妇女平均初婚年龄一直呈上升趋势。集体经济时代,政府对初婚年龄的控制除了婚姻登记外,还依赖两项重要制度:一是户籍登记制度,二是集体经济制度。通过户籍登记制度,每个村民的出生时间均在村子的掌握之中,并需在公社、派出所备案。只有符合条件者,村子才能出具证明。集体经济组织是婚姻管理实施的基础,集体经济制度下,每个成员特别是同龄成员的年龄信息大家彼此熟悉。如果不符合婚龄规定结婚被视为是当事者获取的额外利益的话,那么在同一环境下没有享受到这种利益的同龄人也会起效仿之心。在职业和谋生行为受到严格限制甚至被禁锢的条件下,成员的越轨成本很高,因而违例行为降低,因此集体经济形成一种成员之间相互制约的环境,这一时期政府的婚姻登记制度和集体经济制度对村民的初婚年龄形成重要制约。②

2000年,学者费尔德曼、李南、朱楚珠通过对湖北三原、略阳和松滋进行访谈与分析后发现,招赘和嫁娶妻子的初婚年龄峰值分别在20岁和21岁左右,招赘和嫁娶丈夫的初婚年龄峰

---

① 中国社会科学院人口研究所.中国人口年鉴1985[M].北京:中国社会科学出版社:73.
② 王跃生.社会变革与婚姻家庭变动:20世纪30—90年代的冀南农村[M].北京:三联书店,2006:77-78.

值分别在22岁和23岁左右。值得注意的事,招赘妻子的初婚年龄大部分集中在20岁以前,而招赘丈夫的初婚年龄不像嫁娶丈夫那样高度集中在21—23岁这个狭窄的年龄段,显示出相对较大的变异性。另外,招赘丈夫在26岁以后结婚的比例仍很高,招赘婚姻比嫁娶婚姻存在更多的男性晚婚现象。① 这主要是因为贫困家庭的男子到了结婚的年龄,拿不出高额的彩礼费用,找不到合适的女子结婚,结婚年龄一再推迟,到了最后实在没有办法,就会"屈就"做上门女婿。

  目前,早婚在我国已经失去了存在的条件,但在一些落后的农村地区仍有一些市场。孙淑敏在西北某村调查时发现,一些村民为了给自己的儿子娶上媳妇,在孩子很小的时候就给孩子定了"娃娃亲",当地称为"占苗",主要是担心孩子以后长大后找不到合适的对象。而在相对富裕的农村地区,定小亲、早婚现象也时有发生。1988年,据浙江省有关部门调查,地处沪、宁、杭"金三角"的湖州农村,未成年人中已定小亲的占40%以上。温州的一些县市农村,14岁以下的儿童定小亲的年龄一般在七八岁,甚至有一岁就被父母定小亲的。② 近期研究表明,无论是男性还是女性,兄弟多的结婚较晚,婚龄差较大,这与以前的研究结果并不一致。而造成这种结果的原因可能是,在兄弟多的家庭,父母为儿子积累足够的彩礼和适宜的居住条件等需要等更长的时间。外出打工的青年农民工大多出生在我国实施计划生育政策后,由于政策的严厉性,一般家庭只有两个孩子,但也有个别家庭为了生一个男孩传宗接代,甚至外出躲避计划生育,超

---

① 李树茁,靳小怡,(美)费尔德曼,(加)李南,朱楚珠.当代中国农村的招赘婚姻[M].北京:社会科学文献出版社,2006:9.
② 鲍宗豪.婚俗与中国传统文化[M].桂林:广西师范大学出版社,2006:98-99.

生2个以上的孩子,也有无论第一胎是男是女而只要一个孩子的家庭。在农村,如果一个家庭养育两个以上的孩子,尤其是超生的黑户(孩子没有户口)子女,他们即使到了结婚的年龄,也会因为家庭负担重,或者是身份问题没有解决而不能顺利结婚,只有家庭积攒够在当地足以结婚的费用,才会有女方考虑到与他们结婚,因而这样家庭子女多的孩子结婚年龄则相对较晚,但也不排除个别家庭虽然子女较多,但这一家庭善于经营,孩子也能够顺利结婚的可能性。

婚姻的安排和结识途径也会影响到初婚年龄。一般认为,与别人介绍的婚姻相比,自我安排的婚姻的初婚年龄会较大,因为年龄较大的婚姻主体有更强的个人意志,会在婚姻安排上体现出较大的自主性,在婚姻对象的选择上有更大的范围,而一些学者的研究也证明了这一点。另外,婚姻安排对初婚年龄的影响还受到婚姻圈的调节。因为婚姻圈的扩大能够显著提高男女两性的初婚年龄,扩大婚龄差,这从一个侧面说明了人口流动有利于提高初婚年龄的一般规律,也与一般认为的初婚年龄可能因婚姻圈缩小而降低的观点是一致的。

雷洁琼通过调查认为,在初婚年龄上,改革后青年农民初婚年龄向后推迟,比如1949年以前,河南潢川农民男户主与其配偶的婚龄均值分别是20.1岁、19.2岁;到1979—1986年间,婚龄均值分别提高到23岁和20.8岁,分别推迟2.9岁和1.6岁。①

第一代农民工与他们的父辈们没有本质区别,因为他们从

---

① 雷洁琼.改革以来中国农村婚姻家庭的新变化[M].北京:北京大学出版社,1994:183、185、188.

小就生长、生活在熟人社会这一农村传统社会圈子里,与父辈们一样主要从事着农业生产,他们只是在农闲时才到城市里打短工,为了多分责任田,增加劳动力,减轻繁重的农业劳动负担,"早婚早育"的观念对他们还有很大影响。

改革开放后,我国农村实行家庭联产承包责任制①,村里把土地按照每户家庭人数平均分配土地。由于有的村民结婚时年龄不到国家规定的结婚年龄,一些家庭为了在分土地时多分得责任田,就采取开假证明、虚报年龄等手段提前登记结婚。有些父母也是想通过虚报年龄,以达到到民政部门登记,提前为孩子结婚的目的,这样既完成了自己的心愿,又能增加家庭劳动力,还能多分责任田。一些村民说,这在当地是公开的秘密,由于传统的农村社会是熟人关系网络,毕竟大家都是低头不见抬头见,很多都是亲戚,所以大家都不愿到政府部门去揭发,也不想得罪人,怕伤了和气。村民这种虚报结婚年龄多分田地的情况,与当地县志的记载或专家通过政府相关部门提供的部分统计数据分析得出的结果显然有一定的差距。

---

① 家庭联产承包责任制是中国农民的伟大创造,始于安徽省凤阳县凤梨公社小岗村,是农村经济体制改革的产物。1978年11月24日晚上,安徽省凤阳县凤梨公社小岗村西头严立华家低矮残破的茅屋里挤满了18位农民。关系全村命运的一次秘密会议此刻正在这里召开。这次会议的直接成果是诞生了一份不到百字的包干保证书。其中最主要的内容有三条:一是分田到户;二是不再伸手向国家要钱要粮;三是如果干部坐牢,社员保证把他们的小孩养活到18岁。在会上,队长严俊昌特别强调,"我们分田到户,瞒上不瞒下,不准向任何人透露。"1978年,这个举动是冒天下之大不韪,也是一个勇敢的甚至是伟大的创举。党的十一届三中全会以后,在党中央的积极支持和大力倡导下,家庭联产承包责任制逐步在全国推开,到1983年初,全国农村已有93%的生产队实行了这种责任制。家庭联产承包责任制的实行取消了人民公社,又没有走土地私有化的道路,而是实行家庭联产承包为生,统分结合,双层经营,既发挥了集体统一经营的优越性,又调动了农民生产积极性,是适应我国农业特点和当前农村生产力发展水平以及管理水平的一种较好的经济形式。

王进鑫通过调研认为,新生代农民工的结婚年龄高于第一代农民工结婚,而低于城市青年。① 结婚年龄也体现出新生代农民工婚姻观念的变化。吴鲁平等人认为,由于农民工中打工妹的年龄段基本集中在婚育年龄,她们受到城市文化的熏陶,不愿意遵循农村的传统早婚;另一个原因也使她们在婚姻上存在较大困难,即所从事的职业一般都需要黄金年龄,结婚很可能失去工作。为了增强竞争力,打工妹结婚生育年龄大大推迟。② 封福霖通过调查了解到,有超过一半的(50.4%)农民工不会过早结婚。但近几年,有学者通过调研发现,90后新生代农民工早婚比例明显增加。王德福指出,90后新生代农民工早婚已然成为一种趋势,而这是一种代际关系变动的结果。受结婚成本的影响,父母希望子代早日完成人生大事从而提早为自己积攒养老资源,而子女接受早婚的原因也是希望早日从父母手中获取更多的财富,为自己的小家庭谋取更多利益。③ 由于农村男多女少,当适婚男性上完学或者辍学之后,父母担心孩子娶不到媳妇,出于完成孩子婚姻的责任或心愿,孩子就会在父母的安排之下很快就会进入婚姻的阶段,就是所谓的婚姻倒逼早婚。④

二、容貌颜值

婚姻策略中对当事人外在容貌的要求一般是指对方的身

---

① 王进鑫.当代青年农民工婚姻现状考察:基于成都市服务行业青年农民工的调查[J].西南交通大学学报(社会科学版),2012(5):58-63.
② 吴鲁平,俞晓程,闫晓鹏等.城市青年农民工的弱势特征及其后果:对1997—2002年43篇学术论文的文献综述[J].中国青年研究,2004(9):7-24.
③ 王德福.养老倒逼婚姻:理解当前农村早婚现象的一个视角[J].南方人口,2012(02):37-43.
④ 陶自祥.临时夫妻:青年农民工灰色夫妻关系及其连带风险[J].中国青年研究,2019(7):70-77.

高、长相等外在基本自然条件。中国自古就追求婚姻的"郎才女貌",虽然这只是一种理想的状态,但在实际生活中,青年农民工对外在容貌的要求却有所不同。

(一)父辈标准

20世纪60—70年代结婚的村民,当他们谈论起对当时介绍对象外在容貌的要求时,笔者认为他们心目中对婚姻伴侣的"美好理想"可能会与生存条件的"残酷现实"严重脱节,如男的在结婚前都希望未来的老婆漂亮、苗条,女的都希望未来的老公身材高大,长得很帅,但实际上真正结婚时这种理想化的标准会大大降低。由于家庭普遍不富裕,男方对女方的要求基本是"只要是个女人,不傻,能干活,能生孩子就行";女方对男方的要求是"只要不是傻子,身高不要太矮,能干庄稼活,看起来顺眼就行",这或许是村民在基本满足生存需要时,对婚姻伴侣最简单的要求。

(二)微妙变化

2003年,迟书君在深圳对年轻的流动人口(绝大部分是农民工)的恋爱、婚姻、家庭状况进行调查,结果显示人们看重婚姻伴侣身体健康的基本要求外(这一比例为65.8%),对身高、外在容貌有所要求的比例达到了10.84%[1],远远超出父辈们"能过得去的标准"。

2007年,王亚萍和毕兰凤在安徽省中部地区的王村对120名18—35岁的男女青年关于"择偶标准"进行问卷调查,得出结论如下:当代农村青年的择偶标准从总体上排在前几位的分别是:"忠厚、善良、诚实作风正派"(61.1%),"志趣相投"(42.9%),"身体健康"(38.6%),排在后几位的分别是

---

[1] 迟书君.新型城市移民:2003年深圳流动人口恋爱婚姻家庭状况调查[M].北京:社会科学文献出版社,2006:65.

"家庭出身好或门当户对"(8.9%),"社会地位高"(8.3%)。这一结果表明,当时农村青年择偶时已不再把家庭条件、社会地位等环境因素放在重要的位置,而是更强调个人的品德修养、身体健康情况及个性因素[①],而对外貌的要求则相对低得多。新一代青年农民工几乎都把"道德品行好""身体健康"这些基本标准放在了第一位,这说明随着我国社会、经济的快速发展,基本满足温饱、思想观念转变较大、脱离繁重农业生产劳动之后的青年农民工,对婚姻伴侣外在容貌的要求越来越高。

例如,在上海某厂的小韩来自湖南湘潭农村,今年30岁,已经结婚生子,他说:"我当时找对象时,觉得在身体健康的基础上,就应该找个自然条件好一点的,也就是说容貌要好看一点,最基本的要耐看,不能太丑。因为现在很多打工的都不用再种地了,也不用再从事繁重的体力劳动了。大家在找对象的时候就不再跟原来那样,把身体结实、能干体力活作为很重要的标准,而是更加注重外在容貌了。找一个好的对象,自己看着也舒服,心里也高兴,做起事情来也有劲。人们常说每天多看美女几眼可以长寿,不知这话是不是有道理,我觉得有一定的作用,很多人认为找个容貌好一点的对象也可以给自己装扮门面,在朋友面前也觉得有脸面。"

虽然大家平时谈论婚姻对象时,非常注重对方的品德、技能等,但大都希望婚姻对象在相貌、品德、挣钱能力方面兼而有之。如果现在一个男青年找的婚姻对象实在是太平凡,"我看重的是她的品德、才华"这句话或许是对他最好的心理安慰。传统农民因经济的极端贫困,他们在寻找婚姻伴侣时不会企求太多,婚姻

[①] 王亚萍,毕兰凤.农村青年婚恋观与人口外出流动的相关性分析:以王村的个案研究为例[J].青年探索,2007(6):87-89.

策略中也不会考虑到外在相貌这一因素,毕竟能找到一个老婆已经非常不容易了。随着我国社会的转型、经济的发展,从新生代农民工开始注重婚姻伴侣外在相貌这一因素而言,不得不说这是我国社会转型的进步。

第二节 经 济 资 本

一、婚姻支付

婚姻支付是在婚姻过程中体现家庭经济资本的一个重要方面,李银河把结婚过程中各种形式的投入包括现金以及物品称为婚姻支付。① 贺春霞把婚姻支付定义为缔结婚姻的过程中的各种形式,并把婚姻支付的内容细分为四个方面:① 基础性经济支付,包括新郎或新郎家支付给新娘或新娘家的财物,或者指新娘或新娘家支付给新娘和新郎的财物;嫁妆,指新娘家支付给新娘和新郎的财物。② 信仰性支付,以婚姻习惯和风俗为基础的支付。③ 行为性支付,为整个婚礼过程所付出的劳动特别是技能性劳动及报酬。④ 工具性支付,即在娶亲时所支付的交通工具等的费用。② 本书中的婚姻支付是指男女当事人、家庭在婚姻过程中的各种花费,如聘礼、聘金、彩礼、嫁妆以及为结婚或为增进男女双方当事人、家庭感情的各种日常花费等。对于中国社会婚姻支付实践的解释,仍然沿用彩礼(聘礼)和嫁妆的概

---

① 李银河.中国人的性爱与婚姻[M].郑州:河南人民出版社,1991:115.
② 贺春霞.中部乡村婚姻支付变迁的实证研究:以枝江市 Z 村为个案[D].武汉:华中农业大学,2006(6):8-9.

念,婚姻支付在婚姻的策略过程中起着至关重要的作用,它能体现出一个家庭的经济、社会实力,这也往往是婚姻选择过程中的一个关键因素,能决定婚姻的成败。

无论是过去还是当前,婚姻支付都具有一定的经济、文化和社会功能。费孝通认为,高额彩礼是男家对女家转让劳动力的补偿,婚姻支付是双方父母提供给新家庭的物质基础,是为每一个家庭物质基础的定期更新。费孝通通过在江村的实地调查得出一个结论,即嫁妆的多少对于女儿在新家中的地位具有举足轻重的作用。他还认为,在单系继承社会里,女儿的嫁妆还带有一点财产继承的意义,具有社会整合功能。① 萧洪恩对仪典文化发展阶段进行了划分,即偶然得之、反复补正、成型运用,并从文化上揭示了婚姻支付在婚姻仪式及社会约束中的意义。②

据孙立坤通过对河南农村五个不同地方进行调查的资料显示,1949—1965 年,河南农村居民在婚姻策略上,对婚姻当事人的社会资本要求较高,强调家庭出身、本人政治面貌的比例为 73.41%;而对婚姻当事人的经济资本则要求较低,比例仅为 7.54%;对"个人品德及学识"的要求则更低,比例为 2.78%。在 1966—1976 年,河南农村居民对婚姻当事人的社会资本要求降低到 21.79%,而对婚姻当事人的经济资本和"个人品德及学识"的要求大幅度提高,比例分别达到 33.33% 和 20.51%。1977—1992 年,河南农村居民对婚姻当事人的社会资本要求降低到 6.25%,经济资本也降到 20.18%,而对"个人品德及学识"的要求则提高到 34.9%。1993—2000 年,河南农村居民对婚姻

---

① 费孝通.江村农民生活及其变迁[M].兰州:敦煌文艺出版社,1997:58-63.
② 萧洪恩.土家族仪典文化哲学研究[M].北京:中央民族大学出版社,2002:21-24.

当事人的社会资本要求降低到仅为1.84%,经济资本也降到12.77%,对"个人品德及学识"的要求为20.43%。① 这说明在河南P县所在的大部分农村,在婚姻策略上无论对婚嫁双方经济资本的要求如何变化,婚姻中的经济资本这一因素仍然占据重要地位。

(一) 高额聘礼

我国的婚姻支付起源于原始社会末期对偶婚制传留下来的聘礼形式。当家长把自己的女儿许聘给男方时,一般会要求男方送些礼品作为补偿,如史籍上普遍有"伏羲制嫁娶,以俪皮为礼"的说法。早期的聘礼都是些生活必需品,如粮食和御寒的毛皮等,但到后来封建社会的买卖婚姻,则完全以经济考虑为转移,以彩礼的方式来进行。封建宗法势力愈益强大以后,官僚地主阶级觉得直接买卖妇女不如媒人介绍聘娶为好,于是,"聘则为妻""无币不相见"便成为不可动摇的婚姻原则。

关于聘礼的品种和数量,各个时代都有不同的特色。自先秦到后汉时有30多种,在当时来说都是贵重物品,既有实用性的,也有象征性的,如《通志》记载聘礼有三十物之说。到了汉代,"嫁娶必多取资",索重聘。《汉宫仪》云:"皇帝聘皇后黄金万斤。"这种奢靡之风到了东汉依然未变,据《后汉书·献烈梁皇后纪》云:"于是依孝惠皇帝纳后故事,聘黄金二万斤。"诸侯王纳妃则身价大有减少,至于下级官吏或庶民百姓虽家境贫寒,无力拿出聘金,但因汉代嫁娶奢靡成风,也不得不借贷或赈助交出聘金,即使到了晋代也是如此。

到了元明清时,聘礼更重,并明文规定聘礼的等级和数量。

---

① 孙立坤.河南当代家庭变迁调查[M].北京:人民出版社,2004:454、455.

如《元典》规定：上户要出聘金一两，银四两。实际上，聘礼往往比规定的要多得多，因为除金银外，还有锦缎、布匹和首饰之类，花费很大，但这些并无规定数额。元代郑介夫在《历代名臣奏议》卷六十七曾指出："受财者则易其名曰聘礼，实为价钱。""婚姻聘财，今之嫁女者重要钱财，与估卖牲口无异。"郑介夫的话揭穿了聘娶婚的虚伪装饰，道破了婚姻聘礼实为变相的买卖婚的本质特征。韦斯特马克认为在低等民族中，人们一般都不会无偿地允诺一桩婚事，在大多数情况下，男方必须给新娘的父亲或新娘的其他亲属一些补偿。补偿的形式不一，或是以亲换亲，或是服以劳务，或是赠予这样那样的财物。① 在21世纪的今天，在保加利亚东南部城市旧扎戈拉的郊外，有一个著名的"吉普赛新娘市场"。在这里，青年男子可以和喜欢的或看中的代嫁女子或她们的父母进行讨价还价。一般新娘的价格是1万列弗（保加利亚货币单位）到1.5万列弗之间（相当于7 500到11 300美元之间），如果新娘真的很美，价格可以在2万到2.5万列弗之间，超级大美女要加可能达到4万列弗，而保加利亚人的年平均工资约8 400列弗。韦斯特马克进一步认为有偿婚姻不仅盛行于大多数未开化民族，而且亦可见诸已达较高文明程度的民族。他特别提到中国，父亲给儿子求亲，要向女方送礼。但送礼的多少，则并非像"送礼"一词所暗示的那样，出于两家人的亲善程度，而是完全听由媒人的安排。②

中国古代的聘礼，本质上是买卖妇女的身价，是变相的买卖婚姻。尽管中华人民共和国成立后封建主义的婚姻家庭观念受

---

① （芬兰）E. A. 韦斯特马克.人类婚姻史[M].李彬，译.北京：商务印书馆，2002：769.
② （芬兰）E. A. 韦斯特马克.人类婚姻史[M].北京：商务印书馆，2002：804.

到很大的冲击,但我国有几千年封建社会的历史,封建主义的婚俗礼教、伦理道德,形成了一套完整的体系,已渗透到社会生活的各个领域,因此聘礼的传统婚姻习俗至今在我国广大农村地区仍有深远影响。与全球化时代的物化婚姻一样,随着我国商品和货币经济的发达,在目前我国唯经济论下的婚姻常常有明确的物质目的,高额彩礼便是一种重要的具体表现形式,彩礼也渐渐沾染上了可恨的铜臭味,成了地道的财和物。

在中国农村的嫁娶婚姻中,婚姻支付(费用)是一个重要的因素。彩礼是重要的婚姻策略,它能够确认婚姻协议、完成男方与女方家庭对新娘权利与义务的转换;而嫁妆是父母对女儿婚后福利的一种馈赠,虽然其在婚姻的形成中远没有彩礼重要,但足够的彩礼和适宜的居住条件是嫁娶婚姻的重要条件。彩礼还只是农民结婚花费中的一部分,如果再加上盖新房和婚礼的花费,支出就更大。结婚的高消费,造成农民"超负荷",一般农民娶一次亲,要准备很多年,甚至还到处借债、贷款等,导致债台高筑。[1] 1989年据《中国妇女》杂志第四期报道,山西省妇联调查组1986年底对山西雁北地区平鲁县蒋家坪乡进行的摸底调查显示:

在20世纪50年代,当地索要彩礼数额一般为500元左右;60年代为1 000—1 200元;70年代为1 300—1 500元;80年代为5 000—10 000元。可以看出,当地彩礼的数额呈现逐步上涨的趋势,且上涨的速度越来越快。1986年,蒋家坪乡少家堡村共有30户共计124人,其中女性56人,占总人数的45.16%,23岁至30岁的光棍12人。50年代至80年代全村娶

---

[1] 刘杰,吴晔.乡村婚姻忧思录:中国农村婚姻现状与思考[M].人民日报出版社,1991:33.

媳妇共花费彩礼钱100万元,平均每年花去2.5万元,占全村农业总收入的70%。最多的一户是大合堡镇王万富,共花费彩礼1.3万元。

彩礼的名目非常繁多,具体数量如下:彩礼钱,3 000—6 000元(送女方父母);盖房钱,2 500元(3间窑);家具钱,200—500元(按3件算);衣服钱,300—1 000元(3至8套);高档用品,500—1 300元(老3件及新3件);看钱,20—100元(女方去男方家相看时付给女方);见面钱,20—30元(男方去女方家相看时付给女方);说媒钱,30—200元(男方付给媒人);定亲钱,30—100元(男方付给女方);鼓匠钱,30—100元(结婚时请吹鼓手);拜钱,100—200元(结婚时亲友给新娘);被子钱,10—30元(缝制被褥);磕头钱,30元(长辈给新娘);骡轿钱,120元(结婚专乘的骡轿车);喊爹娘钱,10—20元(结婚时公婆给的磕头钱);上轿钱,30—50元(上轿前付给新娘的钱);下轿钱,30—50元(下轿后付给新娘的钱);开箱钱,100—200元(女方陪嫁箱中的钱,男方要照付或加倍);回门钱,50—100元。

在2000年,湖北省松滋县农村的婚姻嫁娶的形式从最初的看家到结婚后的回门,要经过9个程序,基本花费在9 700—28 200元之间,这还不包括男方家盖新房、办酒席、迎娶新娘、拍婚纱等费用,具体程序和花费如下。

① 看家(当地称过毛门),给媳妇见面礼100—500元;② 过门,双方父母见面,请酒花费200—400元;③ 订婚,请家族,认亲,男方花费5 000—8 000元;④ 定婚礼,婆家给媳妇送礼物,首饰1 000—3 000元;⑤ 请媒,婆家给媒婆、媳妇各200元;⑥ 报期,男方给女方家陪嫁钱1 000—10 000元;⑦ 过礼,男方

家给女方家衣物和酒肉钱 2 000—5 000 元;⑧ 结婚,请酒,婆婆给媳妇 100—1 000 元鞋子钱、开箱钱等;⑨ 回门,给娘家买鱼买肉不超过 100 元。①

以上只是 20 世纪 80 年代和 2000 年两位普通农民娶媳妇的花费,到了今天,结婚花费名目越来越多,攀比心理也越来越重,比如,在各项彩礼费用普遍看涨的情况下,结婚也融入了现代流行元素。一些近现代文学作品也反映出农村婚姻关于高额彩礼引发的系列问题,如莫言《我们的七叔》中张船儿为了高额彩礼而把女儿逼死,又为了 2 000 元把女儿的尸体以冥婚的形式"嫁"给了邻村一个夭亡的青年。再有,刘恒《狼窝》中春枝因太丑嫁不出去,她的哥哥成了暴发户后宣称只要娶了他妹妹就可得到两千元的陪嫁,一时间应者如云。② 关于目前高额的婚姻支付,国内外学者提出了婚姻补偿论、婚姻资助论、家产继承论三种观点。这些理论都不能很好地解释当前的一些现象。如男方提供的聘礼已经不再流向女方父母的家庭,而是以嫁妆的形式反流到年轻夫妇的小家庭,有不少女方父母还额外陪送一些财物,这似乎印证了婚姻资助和家产继承理论。但父母在晚年时,大多数子女并没有给予父母更多经济上的资助,更多的是一种精神、亲情层面及体力方面的关心与帮助,但不排除有的父母晚年得了疾病,子女甚至花光家产的可能。

对于男方家庭来说,虽然高昂的婚姻支付确实是一项十分沉重的负担,但更能体现中国家庭传统养育文化的一种延续。

---

① 李树茁,靳小怡,(美) 费尔德曼,(加) 李南,朱楚珠.当代中国农村的招赘婚姻[M].北京:社会科学文献出版社,2006:9.
② 刘旭.底层婚姻:在"现代"和"封建"之间[J].华东师范大学学报(哲学社会科学版),2004(6):103-109.

几千年来,父母无论多么辛苦、花多大代价,完成孩子的婚事是一种责任。正是因为这种家庭养育文化的传承,为了圆满地完成儿子的婚事,父母不得不将多年的积蓄投放在儿子的婚事上。而男方父母之所以会将儿子的婚姻作为自己的责任,正是因为婚俗是"可表意识"层的重要内容,能够为广大村民交流并逐渐被父母接受。为儿子提供当地婚俗要求的婚姻支付,解决儿子的婚姻问题,已成为男方父母"亲密的社会和文化"层的重要组成部分,对男方父母有着重要的文化心理意义。换句话说,为儿子提供婚姻支出,解决儿子的婚姻问题,已经成为男方父母的理想,成为他们的人生意义,是其实现价值的一种甚至是唯一的方式。在这种机制的作用下,就有了"当父母的,就是得给孩子办婚事啊,谁让他叫咱爹呢!花多少钱,咱也得掏啊"的行为认知方式。

关于彩礼,甚至还有一些顺口溜:(20世纪)50年代一块布,60年代尼龙袜子、条绒裤,70年代毛头羊、盖子猪,梧桐树五把粗,外加三间青砖大瓦房。然而现在大瓦房早已过时,至少是外面贴瓷砖的平房,有的女方家还要求是楼房。到了80年代,彩礼的行情看涨,光相亲,请女方亲戚来相家[①]就要花费400到500元,如果女方看不上男方,这些钱就算是白花了。如果女方同意和男方继续交往,男方就可以考虑为女方家庭下彩礼了。彩礼原来讲究老三件,也就是自行车、手表、缝纫机,强调要名牌

[①] 相家,是一些地方农村青年男女婚姻的一个程序,也就是女方和女方的嫂子、姑姑、姨妈等几个要好的女性亲属到男方家去看看男方及其家庭条件,这时男方家庭就要大摆宴席进行招待,临走时男方家庭还要为每位客人准备一份厚礼。如果女方同意男方,下一步就可以下彩礼,讲究婚嫁了;如果女方不同意,可以退还部分彩礼金;如果男方悔婚不同意,女方可以不退还任何彩礼,男方家花的钱就算是白花了。

的,特别是上海产的。90年代讲究新三件:电视机、双卡收录机、洗衣机或其他大件电器,而送给女方家的礼品也要实(十)打实(十)(即十斤肉,十斤酒、十条烟……),但现在送给女方家的礼品更多,十斤肉变成至少是半个猪。一年里面过年、端午节、中秋节三大节日,还有赶个庙会、女方过生日什么的,哪一次也少不了几百上千元的礼,而这也只能算是平时的感情投资,不把媳妇娶回家,再多的钱也要花,不然如果女方不高兴退亲的话,这些以前花的钱也就要不回来了。现在农村结婚,也跟着城里学,拍婚纱照,旅游结婚,要求用小汽车接送。有的家庭条件好的年轻人甚至不愿意在家盖房子,要求在县城、地市买商品房等,可以说现在农村结婚花费是越来越高了。

孙淑敏 2008 年 7 月至 8 月在甘肃省东部蔡村实地调查后发现,由于婚姻市场上适龄女性的相对匮乏,导致近两年蔡村的彩礼直线上扬。对于中西部贫困农村地区来说,结婚时的彩礼和各种花费飞涨,使农民家庭负担加重,可以说是对农村的又一次剥夺。在 2003 年,蔡村彩礼在 1 万元以下,大多数维持在 4 000—6 000 元的水平;而现如今,彩礼已上升至 2 万元。除此之外,订婚时还要给女方购置金首饰、摩托车等等,所以"光订婚就要花 4 万元"。而这对于人均纯收入只有 1 000 多元的蔡村来说,确实造成了不小的负担。为了凑足彩礼,不少人家东挪西借,甚至有为此而贷款的。在彩礼上涨的同时,媒人的介绍费也在增加。5 年前,介绍成功一个对象,媒人的介绍费用是 1 000 元,而现在则涨到了 2 000 元。甚至有些媒人还利用当事人的急切心理来"盘剥"对方。①

---

① 孙淑敏.乡城流动背景下低收入地区农村男子的择偶困境:对甘肃省东部蔡村的调查[J].西北人口,2010(1):42-46.

赵晓峰通过对豫东平原的崔桥镇调研后发现,由于当地有大量的农村剩余劳动力外出打工,农民收入有了一定幅度的增长。与此相伴随的是,婚姻支付的价格也"水涨船高",定亲礼的价格流行着"八千八,一起发""九千九,天长地久""一万一,万里挑一"等俗语,目前的标准大多已经是"万里挑一"了。但这还只是第一步,接下来的彩礼也要1万元左右。此外,男方还必须给夫妇盖5间瓦房甚至楼房。从双方认识到最终走进婚姻的殿堂,男方至少要花费6万元以上。更令当地农民感到担忧的是,农村年轻女性之间的面子竞争也非常激烈,一个女孩要是在定亲礼上要"一万一",另一个与之相识的女孩就会要求在另一个方面超过对方,或向男方索要更多的彩礼,或者要求男方必须盖楼房,谁也不甘落后。因此,当地的婚姻花费已经延续了四五年的高价婚姻,价格也在农村青年女性的面子竞争中逐步攀升,给当地家有未婚儿子的贫困家庭带来了很大的经济负担、精神和心理压力。[1]

在中国传统文化中,多数农村父母认为给儿子娶媳妇是为了完成自己的义务和责任,如果"适婚"儿子娶不到媳妇就会归结为是自己的无能,而村里人和亲戚朋友也会看笑话。这样就导致新生代男性农民工婚姻成本畸高,且高额彩礼等婚姻成本有激增趋势,已经严重影响到许多家庭的正常生活。现在新生代农民工的婚姻城市取向明显,有的学者总结为婚姻城市拜物教。例如,江西农村彩礼数额一般在16.8—20.8万之间,对普通农民来说是一笔不小的负担。[2] 2023年2月16日据《新华每

---

[1] 赵晓峰.农村青年单身为哪般[J].江西师范大学学报(哲学社会科学版),2008(2):5-7.
[2] 刘燕舞.婚姻中的贱农主义与城市拜物教:从农村光棍的社会风险谈起[J].社会建设,2015(06):53-69.

日电讯》报道,江西某地不含车房彩礼超过38万元。赣北地区一村民告诉记者:"这些年我们这儿彩礼一路上涨,从十多年前的8.8万元涨到18.8万元,再到28.8万元,如今一般都是38.8万元。"①

所谓"天价彩礼",是对数额大幅超越当地社会经济的发展水平、超出人民群众的承受范围和给付能力、而女方又不足额陪嫁的彩礼的俗称。"天价彩礼"已经背离传统彩礼作为婚姻缔结程序的初衷,超越了传统意义上彩礼作为民间风俗的本质,已演变为一种不良的社会风气。近年来,有父母为了完成给儿子娶媳妇的心愿,更是不惜借款、贷款、卖地、抵押,甚至借高利贷,且这些债务都是自己负担。尤其是相貌身材不佳或身体残疾等在婚姻市场中地位相对低下的新生代农民工,要想在婚姻市场获得匹配成功就要支付较高的交易成本,这样就使因婚返贫现象大量涌现,甚至损害民风民俗、危害社会稳定,进而引发了一系列社会问题。②

由此可以看出,新生代农民工在订婚时都会牵涉基于当地风俗和时价的彩礼钱,而我们也不能简单地把这种情况变相等同于封建社会里的买卖婚,对当前我国大部分农村结婚流行索要高额彩礼的情况我们要客观看待。因为在当前农村,适龄青年结婚索要彩礼还出于以下三个原因:一是出于补偿女方家庭婚姻经济消费的需要。当女青年出嫁的时候,女方家庭就会把男方家给予的相当一部分彩礼转化为嫁妆,转移到男家,娘家陪

---

① 郭强,范帆,姚子云.动辄二三十万甚至上百万元,先提彩礼再谈感情[N].新华每日电讯,2023-02-16(005).
② 杨哲.因婚返贫:新生代农民工婚姻成本诠释[J].山东农业工程学院学报,2019(1):12-18.

送的嫁妆越多,越"排场"越感觉有"面子",女儿将来到婆家之后就会被"高看一眼",地位相应会提高,也可能会掌握未来新组建家庭的主导权。二是建立家庭物质基础的需要。女方家庭在订婚时尽量提更多、更苛刻的条件,以免女儿婚后受委屈,因此很多男方家庭宁愿负债也要满足女方提出的彩礼金和其他条件,以便女方家庭答应把女儿嫁过来,能和儿子共同生活,还指望儿子和儿媳将来为自己养老。三是满足个人虚荣心的需要,以避免"寒酸"之议。因此,彩礼也就随着社会经济的发展而"水涨船高",人们互相仿效,争高免低,无形中便约定俗成。

2023年中央一号文件《中共中央国务院关于做好2023年全面推进乡村振兴重点工作的意见》提出,要推动各地因地制宜制定移风易俗规范,强化村规民约的约束作用,党员、干部要带头示范,扎实开展高价彩礼、大操大办等重点领域突出问题专项治理。破解高价彩礼难题,一方面,需要建立以政府为主导、以村民自治为主体的行政介入机制,在思想层面和行为规范上树立正确导向,引导群众破除旧观念,摒弃高价彩礼的婚嫁陋习。采取标本兼治的有力举措,对彩礼问题严格依法治理,推动农村彩礼"降温",以减少农民结婚支出,减轻经济压力。① 例如,江西省萍乡市民政局等六部门联合印发《关于遏制高价彩礼推动婚嫁移风易俗的实施方案》,要求因地制宜开展高价彩礼整治行动,建议彩礼不超过3万元。河南省博爱县制定文明节俭办理婚事标准,彩礼标准城区不得高于5万元,农村不得高于3万元。② 另一方面,需要加快推动乡村振兴,不断缩小城乡差距,

---

① 朱凡,何晶.司法治理"高价"彩礼路径探索:基于2019—2022年X市彩礼婚俗调研的系统研究[J].重庆开放大学学报,2022(6):62-70.
② 任欢.遏制高价彩礼,看各地如何出实招[N].光明日报,2023-2-23(003).

实现广大村民对美好生活的向往。

(二) 其他费用

住房在新生代农民工婚姻选择的经济资本中占有重要的地位。无论是在城市还是在农村,住房长期以来始终是家庭婚姻谈判的一个关键资源,而孩子们的婚姻对于农村家庭来说已经成为他们最重要的生活目标之一。中国社会和经济的变迁,包括人员流动已经为许多农村家庭实现盖新房、提高物质生活状态、实现婚姻和社会地位目标提供了支持。最明显的是,经济的多样化包括在外打工已经为一些农村家庭建造更加舒适的房子提供了资源。然而这也在某种程度上改变了"舒适"和"声望"的标准,为了达到这一标准,很多农民在被迫外出流动的同时往往债台高筑。当前,女方相亲或结婚的前提条件一般都会要求男方在县城或较大的城市有房子等。作为经济基础重要体现的住房,对新生代农民工的婚姻具有显著"加分"作用。拥有自有住房新生代农民工的已婚率明显高于非自有住房新生代农民工。自有住房不但是经济基础和经济实力的重要体现,而且对于新生代农民工而言,住房代表拥有"稳定的家"的观念依然根深蒂固。[①]

1996年9月30日,曹锦清在黄河边中原某村走访发现,当地村民结婚费用随家庭经济状况的好坏而有所不同,这里存在两个基本标准:一是"体面的标准";二是"还能过得去的标准"(男方想结婚的最低标准)。当年该村"还能过得去的标准"就是四间砖瓦平房、两间配房与砖砌围墙,当时花费大约2万元。其他如彩礼、服装、婚宴等至少得1万元,共计约3万元。

---

① 梁土坤.可行能力视角下新生代农民工婚姻状况及影响因素研究[J].安徽师范大学学报(人文社会科学版),2019(3):91-100.

"体面的标准"就是五间砖瓦平房、另带"两袖"和"出厦",瓷砖贴正墙面,两间配房与砖砌围墙,还有大铁门、门楼等,造价至少4万元以上。另外,彩礼、服装、婚宴等至少得2—3万元,共计约6—7万元,甚至更多。曹锦清认为,"体面的标准"和"还能过得去的标准"如一种无形的命令,给准备结婚的青年及其父母造成一种强制性的压力:也就是说必须达到这种标准才能娶到媳妇,否则就结不成婚。① 也正是这种有形的标准形成的无形压力,迫使一切准备结婚的男青年或者是他们的父母不得不外出寻找挣钱的机会,这也是农村剩余劳动力外出打工挣钱的一个重要原因。在笔者所做的调查中,为了结婚而出来打工挣钱的青年农民工,比例达到22.3%,其他也大部分间接是为了结婚而打工攒钱。雷切尔·默菲注意到,在江西省万载县,村民们热衷于建造宽阔的、两层楼的、铺着水泥地面的房子,即"小康楼"。萨利·萨尔吉森写道,在富裕的浙江省,这种盖房子的热情比江西更加高涨。他在1990—2000年期间通过对浙江5个村庄的个案研究发现,村里一半以上盖了新房,一些农户在这期间盖了以后拆、拆了以后又重盖了两到三次。在接受萨尔吉森调查的村民中,大约有1/4的人声称盖房子和结婚需要钱,这就使得农民从农村流动到城市打工成为必要。在浙江,对新房子的标准非常高,优先选择的是用混凝土砖砌成的多层公寓楼,装有空调和其他设备,还要装修得很豪华,例如巴洛克风格的建筑、规模不小的半圆形入口楼梯,以及院子里的喷泉等等。萨尔吉森认为,这在很大程度上是受年轻女性的作用驱使。在村民中间有一种说法,"没有女人愿意嫁给一个没有新房子的男人",而且年

---

① 曹锦清.黄河边的中国:一个学者对乡村社会的观察与思考[M].上海:上海文艺出版社,2000:408.

轻女性在她们愿意嫁给谁的问题上越来越起决定性的作用,并且她们越来越将自己的选择建立在未来新郎的家庭所能提供的房子大小和质量上。

澳大利亚学者华杰在北京海淀区对打工妹进行调查发现,在村子里建造新房子被打工者认为是一件必要的事,这既可以作为他们年纪大了无法在城市工作时引退的地方,也可以成为他们的儿子娶媳妇的婚房,似乎盖新房常常比孩子的教育问题具有更高的优先权。的确,很多家庭并没有等到看见他们的孩子入学,就将大量的钱投在了建造新房子上。①

20世纪70年代以后,农村结婚的迎娶交通工具大都用自行车、汽车和拖拉机。但自20世纪80年代以后,特别是20世纪90年代以来,民间结婚用的迎娶交通工具由骡轿、农用拖拉机、自行车等变成了小轿车,并且轿车的档次越来越高、数量越来越多;就连城市里流行的穿婚纱、拍婚纱照也在当前的农村十分盛行,这无疑也加剧了结婚时的花费。结婚时的嫁妆,除了必备的家具外,也从原来的手表、自行车、缝纫机等老3件变成了摩托车、冰箱、液晶彩电等当前时尚高档的耐用消费品,而这些高额婚姻支付无疑是增加了婚姻双方的家庭负担。

举办婚宴是婚礼中不可缺少,而且是最为热闹、最给力的部分,花费更是少不了,不然会被前来贺喜的亲朋好友及父老乡亲"看不起"。在L村当地一直都有一个说法就是"吃喜酒",举行婚礼的家庭大都会在迎娶新媳妇的当天在家中设宴招待亲朋好友,以餐前零食(瓜子、喜糖、花生)、菜的碗数或者盘数、酒席的质量来衡量酒席的档次,也是当地的一个风俗。当地人对这种

---

① (澳)华杰.都市里的农家女:性别、流动与社会变迁[M].吴小英,译.南京:江苏人民出版社,2006:137-138.

变化的感受颇为深刻,他们认为婚宴要办就要办得体面,这充分反映了传统中国人特别是农村人处于"面子社会"的特点。如何办得体面,则主要从烟、酒、菜三个方面着手,在农村办喜宴时,烟一般是当地产的中档烟,在主要酒桌上有时也有"中华""云烟"等。酒喝当地产的酒,有时主桌上也喝"五粮液"或"茅台",女人则一般喝很便宜的甜葡萄酒。菜主要是猪、羊、牛、鱼肉和当地生产的时令蔬菜,有时还会有海鲜等。为了节约婚宴的成本,举办婚宴的家庭一般很早就开始养猪、鸡、羊、鸭等,到时候直接杀掉就可以,不需要再去买。可以说,随着生活水平的逐步提高,新生代农民工对婚宴的要求也越来越高,既要讲档次,又要讲口碑,一切都向城里人看齐,大多在县城大酒店举行婚礼,这样就进一步地增加了婚姻支付成本。

(三)无奈选择

彩礼和嫁妆相对较高,并在农村不断上升,数额越来越高,对于农民家庭来说不啻为一场灾难,轻者负债累累,重者倾家荡产,有时还会造成诸多不安定因素。有时新生代农民工为结婚时能有钱,便不择手段去弄钱,如偷盗、抢劫、诈骗等,直至落入法网;还有的新生代农民工采取未婚先孕等方法规避高额彩礼等。

1. 倒插门

梯度理论发端于国外的"适应理论",随后,梯度理论被逐渐用于婚恋生活,指一些贫穷的农户拿不起高额的彩礼,采取招赘婚姻,屈就"倒插门",在"从夫居"的婚姻传统里,做了被很多村民看不起的"上门女婿"。《汉书·贾宜传》记载:"家贫子壮则出赘。"秦汉时赘婿社会地位很低,为人轻视,列为七科谪之一。后世则纯为传宗接代或补充劳动力招赘入门,性质与秦汉时已有不同。严格的父系家族制度使得嫁娶婚姻占绝对主导的地位，招赘婚姻一直处于极其重要的地位（费孝通，1999）。因为男方采取招赘婚姻多是由于家里兄弟多且生活贫穷、家乡缺少土地等原因，如1956—1977年中国农村经济水平十分低下，生活贫困使得更多的男性选择了招赘婚姻；当然，也存在战争时期为躲壮丁而到大户人家做上门女婿的情况；再者就是"文化大革命"时期的"右派""地主富农分子"为了改变政治成分，躲避政治迫害，以入赘的方式使子女成为女方家成员而避免牵连等。女方采取招赘婚姻主要有人口和经济条件两种原因。在大多数情况下，采取招赘婚姻是因为人口原因，如在那些没有儿子或因各种原因不能领养儿子的家庭，父母为了保证家族延续和老年保障而为女儿找上门女婿。招赘婚姻也可能因经济原因而发生在有儿子的家庭，如家庭缺乏劳动力、招赘婚姻的费用较低等。招赘婚姻的彩礼和嫁妆并不是很多，而且费用较低，父母较容易满足招上门女婿的经济条件，但由于传统严格的父系家庭体系会给上门女婿带来很高的心理压力，他们在家庭、家族和社区难以得到应有的认同和尊重，而大多数男性做上门女婿的原因往往是由于家庭贫困、或出于一种被动的、无奈的最后选择。

　　招上门女婿的多是那些有几个女儿，没有儿子，而且又不愿收养过继子的家庭。一般是大女儿到了成婚年龄时，不是出嫁而招男方到女家为婿，也叫"招养老女婿"。有的女子因死了丈夫，子女尚幼，不愿离开前夫之家，而招夫上门共同抚养子女的，民间又称"招女婿"。旧时招婚，须立契约，言明男到女家落户，改为妻家姓，继承家业，终身不变。今则为媒人从中说合或双方亲自商定，男到女家多不改姓，但所生子女须随妻姓。民国以前，女子无财产继承权，招了女婿便可继承家业，故招赘者常受争夺财产的同族人排斥和歧视。招婿入门讲究"借娶不借嫁"。结婚之后,女子不能出入一家,女方上轿要在本姓祠堂、公房或亲友家。男方多不置办聘礼,而女方嫁妆甚丰,其他婚礼仪式如常,这也大多是男方家庭贫困,拿不出正常嫁娶婚姻所需的相对高昂的彩礼而做上门女婿的原因。

倒插门的出现,除了高额彩礼的经济条件限制外,农村中"养儿防老""传宗接代"的文化传统也是重要影响因素。当前我国广大农村地区还没有建立完善的养老保障制度,尤其是父母年迈时,需要子女从体力、精神等方面进行照料,"养儿"仍是"防老"的手段。在一些农村地区,很多父母认为女儿是泼出去的水,是别家的人,不能指望养老。在一些观念落后的农村地区,没有儿子就会被人称为"绝户头",这是一种不道德的说法。所以一些无儿子的多女户,就想方设法招上门女婿,目的就是为了晚年的养老和传宗接代,因为上门女婿生的孩子随女方家的姓,招上门女婿能达到养老和传宗接代的双重目的。但在大部分的城市里,由于有完善的养老制度和医疗保障制度,家庭中生男生女是一样的,传宗接代的观念已经淡化。比如在上海,生女孩就非常受欢迎,大部分上海市民认为"女儿是个宝,女儿是父母的贴身小棉袄"。

在当前,婚姻梯度理论也适用于一些男性新生代农民工的婚恋选择。由于他们自身和家庭社会地位和经济收入的不稳定,造成了择偶困难,一些男性新生代农民工因为贫穷等原因,无奈之下只好"倒插门"做了"上门女婿"。

2. 互换亲

换亲是一种畸形婚姻。所谓换亲,简言之,就是将一个女儿嫁出去,换回一个儿媳妇。张根树分析认为,换亲之所以普遍存在,有一定的社会根源、经济根源和思想根源。一是,有些农村男女性比例失调,娶亲就不可避免地要出现激烈的竞争。二是,娶亲的巨大开支对许多人家来说都是难以承受的负担,尤其是男孩多的家庭压力更大。而换亲的双方,花费只相当于通常结婚费用的 1/10 左右。三是,封建的宗族观念和男尊女卑思想残余还在起作用。换亲基本上都是为儿子着想,为女儿利益着想而换亲的家庭可谓少之又少,只要换亲,女青年都要做出不同程度的牺牲。实践证明,换亲侵害了妇女的人身权益,危害了社会安定,影响了物质文明和精神文明建设,后果是严重的。

在我国广大农村地区,换亲一般发生在贫穷落后地区,换亲双方大多都是家境穷、长得不是很好看、自身条件不是很好等。换亲成为贫困农民为避免付出高额彩礼而采取的一种形式。换亲是古代氏族外婚的一种古俗形式,在 L 村所在的河南民间,这种现象古今不鲜,即两个家族协议互换其女为媳。两家以上以换亲形式缔结婚姻的,俗称"转亲""三角亲""推磨"。转亲多为在三家之间缔结婚姻,也有在五家乃至十几家之间转亲的。换亲、转亲皆以牺牲女子幸福为代价,违反了《婚姻法》关于男女双方婚姻自由权利的规定。这种情况的婚姻婚后往往会出现不合,如果一家有纠纷,就波及各家不得安宁,至今在相对落后的农村地区仍可见到。

3. 童养媳

童养媳是中国传统社会一种畸形的婚姻形态的产物。童养媳从宋代产生,经过历朝历代相沿成俗的发展,到了清朝末年,其已经成为一种相当普遍的存在。温文芳分析认为,童养媳的存在一方面深受中国乡村早婚及传宗接代的传统影响。由于童养媳在婆家童养时,有些仍是不懂事的孩童,但是在古代社会里,一经聘定,不容更改,所以即使其未成年,只需要稍加蓄养,假以年限,即可实现早婚的愿望,完成传宗接代的任务,所以童养媳的盛行有很大一部分原因在于当时社会上流行的早婚习俗。另一方面,婚姻缔结过程中彩礼的高昂也是一个极其重要的原因。从客观上说,清代及民国时期的童养媳多发生在贫穷之家,因为贫家无以支付高昂的聘礼,只能用这种折中的方式来实现早婚的目的。在当年的社会条件及时代背景下,童养媳的婚姻质量和家庭地位都是非常堪忧的,她们既要接受未来婆婆的监督,又要担当起未来媳妇应尽的义务,有时还要面对来自未婚夫的嫌弃,种种不可预测的童养生活对于童养媳来说是一场没有欢乐的演出。①

因此可以说,除了早婚及传宗接代的传统外,贫穷而拿不起高额彩礼是导致过去童养媳流行的主要原因,因为嫁娶婚往往需要高额的花费。费孝通在江村考察时,也认为小婚(童养媳)有节省费用的经济利益。在我国过去的社会,贫困的家庭将自己的女儿送给别人,而代以抚养儿子之妻,这样就可以节省嫁娶婚所需要的各种花费,以及节省女儿的嫁妆。但美国斯坦福大学汉学人类学家武雅士教授认为,富裕人家过去也选择童养媳的婚姻形式,主要目的在于保持小家庭的和谐,处理好婆媳之间一贯的冲突与紧张,也就是说童养媳有利于婆媳之间的和谐。②

孙淑敏在西北赵村进行调查时发现,该村由于农业生产条

---

① 温文芳.晚清童养媳的婚姻状况及其盛行的原因[J].甘肃行政学院学报,2005(2):127-129.
② 庄英章.家族与婚姻:台湾北部两个闽客村落之研究[M].台北:中央研究院民族学研究所,1994:209.

件恶劣、经济落后,男女比例存在一定程度的失调。为了能够给儿子将来找个对象,村民在儿子很小的时候就为孩子物色好了将来结婚的对象,这在当地被称为"占苗",平时男方家就会在各种节日里给女方送衣服等小恩小惠来培养两个家庭的感情,以至于中途不出现矛盾而影响孩子将来的婚事。经过两个家庭长达数年的博弈、沟通,最后婚事才能成功,有时中间也有解除婚约的情况。笔者认为这种早期"占苗"既不同于以前社会出现的"娃娃亲",也不同于"童养媳",这种婚姻形式不是那种所谓"落后的",而是村民们在恶劣的生产、生活条件下为自己儿子解决婚事的一种策略,这无疑是与他们的生存、生产条件相适应的。在当前,"童养媳"这种婚恋模式在新生代农民工当中已不复存在。

二、变通策略

为了避免支付高额的彩礼及其他结婚费用,一些家庭贫困的打工者常常通过"自由恋爱""闪婚"等一些变通的方式解决自己的婚姻大事,虽然成功率相对较高,但也存在不确定的因素。

中华人民共和国成立后至改革开放初期,村民大多是通过媒人牵线这一传统模式的婚姻途径来找到婚姻伴侣。这种婚姻途径一般根据当地结婚的风俗,按照约定成俗的规定程序从见面到举行婚礼,这一过程的每一步骤都要有相当的花费,比如相亲时的见面礼、平时各种节日购买的礼物、彩礼、盖新房、举行婚礼时的酒席等,这种形式在新一代农民工父辈那一代较为盛行。

20世纪80年代中期以后,媒人牵线这一传统模式的婚姻途径虽然出现了一种变化,但实质没变。随着我国农村九年义务教育的普及,与父辈们文盲率较高相比,青年男女接受教育的比例大大提高,他们都大多上到初中毕业以上,因此他们交往的机会较多、交往的圈子相对较大。很多学生由于考不上大学,回到农村务农,到了谈婚论嫁年龄,有的会主动联系一起上学的异性同学以表达爱意。如果对方同意,并且在对方父母知道的情况下,通常也会找一个熟悉的中间人也可以说是媒人来进行牵线撮合。因为当地信奉"明媒正娶"的传统,尤其是在谈论彩礼、嫁妆等各项婚姻花费时,两个家庭通常不会直接面对面地进行讨价还价,对他们来说婚姻是为了缔结一门亲事,不是一笔交易,因此找一个中间媒人进行传话、协调是非常必要的。媒人可以把两个家庭对这桩婚事的要求、婚姻花费的多少相互告诉对方,经过两个家庭的重复博弈,最后关于婚事的各种安排达成一致。这种传统模式的婚姻途径一般发生在农村当地,两个家庭相距不是很远,婚俗也大体一致。

自由恋爱的婚姻途径一般发生在外出打工的新生代农民工身上,婚嫁距离的模式大多在异省异县,也有家乡附近的。打工者之间在互相接触的过程中产生好感,自由恋爱,他们在这一过程中的花费可以分为两部分:前期的婚姻支付和抵消的彩礼、嫁妆花费。新生代农民工在打工期间结识异性、确定恋爱关系,从认识到结婚之前这段时间的花费效果具有很大的不确定性,也就是说男方在与女方的交往过程中,花了很多钱,但女方不一定就能与之结婚。

近年来,"闪婚"(又称"闪电式结婚"或"快餐式恋爱")是新生代农民工利用春节、国庆等节假日,或在日常工作生活中通过熟人介绍认识,在短期内完成婚恋大事的一种现象。新生代农民工"闪婚"是社会转型期现代社会婚恋观的反映。由于他们在城市工作时间普遍较长,双休日也大多以加班为主,闲暇时间也较少,因此他们在城市中很难找到合适的结婚对象,便利用节假日回乡"相亲",一旦"相亲"成功,便速速"闪婚"定下婚姻大事。但新生代农民工的"闪婚"也可能存在很大的情感隐患。由于双方接触时间短,缺乏充分的交流沟通,会出现一定的隔阂和矛盾,而隔阂与矛盾的加剧,最终可能会导致劳燕分飞、激烈打斗、人员死伤等婚恋悲剧的发生。

三、临时夫妻

与父辈们相比,1980年以后出生的新生代农民工大多在到处打工的流动过程中完成婚恋事件,婚恋观念发生很大转变,出现非婚同居、未婚先孕、临时夫妻等与传统社会格格不入的婚姻失范行为,甚至出现卖淫嫖娼、骗婚等违法犯罪行为。新生代农民工婚恋中的种种越轨行为,正是他们所面临的城市化、市场化、不确定性等巨大婚恋转型的突出表现。

作为越轨行为理论重要代表人物的默顿,他强调越轨行为与社会结构密切相关,个体行为的越轨表现应该放到现有的社会结构的矛盾关系中去考察,社会文化目标和制度化手段两者共同作用建构了社会秩序,当既定社会文化目标和制度性手段相互矛盾时,就会发生越轨行为。婚恋越轨是指新生代农民工的婚恋行为因失去日常的行为规范而出现的反常状态。例如,临时夫妻、卖淫嫖娼等就是违反社会价值的反叛,属于社会越轨行为。一夫一妻、互相忠诚等婚姻要求是在社会规范的基础上建立的,违反社会主流文化所认同的社会规范即被定性为越轨行为,社会成员长期所受的教育使道德内化,严格要求自身在社会规范的控制范围内从事活动。

本部分内容主要围绕和聚焦新生代农民工"临时夫妻"这一

婚恋越轨行为来展开。2013年,农民工人大代表刘丽在人代会上,提到了"临时夫妻"现象,当时引起了媒介的广泛报道和社会的广泛争论。衣华亮认为,所谓"临时"就是指进城务工男女双方在有合法婚姻的情况下,非法与他人组成的伴侣关系。① "临时夫妻"特指在不破坏原有婚姻的前提下,农民工临时与配偶以外的异性以伴侣形式同居的生活方式,本质上而言即婚外恋。这是一种农民工长期分居,"性渴求"与寂寞心理的排解方式,也是务工成本节约的"理性选择"。② 吴国平将临时夫妻的特征归结为以下几点:从主体上看临时夫妻男女双方中至少有一方是已婚者;男女双方以家庭形式共同生活;两人在一起的目的大多是为了搭伙过日子而非感情因素;双方大多具有"君子协议",不刻意破坏对方家庭,关系较为松散和自由。③ 徐京波基于社会结构的角度分析了"临时夫妻"的成因,将其视为一个社会问题而非个人问题,并将"临时夫妻"发生机制归结于城乡流动所导致的社会控制弱化、在城市生活压力大和节约成本的诱惑,以及参照群体示范的影响。④

因此,"临时夫妻"具有"有合法配偶、长期分居、不破坏原有家庭、非法同居"四个方面的基本特征,即双方有配偶或者其中有一方有配偶,基于双方自愿,共同生活在一起的现象,这种现象是归属于婚外"非法同居"的越轨行为。

---

① 衣华亮.当前我国打工族"搭伙夫妻"现象的社会学透视[J].西北人口,2009(1):125-128.
② 刘淑华.家乡的"归根"抑或城市的"扎根":新生代农民工婚恋取向问题的研究[J].中国青年研究,2008(1):47-50.
③ 吴国平.论外出农民工"临时夫妻"的性质及其解决对策[J].中华女子学院学报,2014(4):21-29.
④ 徐京波.临时夫妻:社会结构转型中的越轨行为:基于上海服务业农民工的调查[J].中国青年研究,2015(1):55-59.

第四章 农民工婚姻的资本策略

（一）社会结构转型导致行为失范

宋丽娜认为，新生代农民工的婚恋具有双栖性，农村生活底色、打工生活关联和城市生活体验共同构成了他们特殊婚恋生活的路径选择。[①] 当前，大量新生代农民工在城市进行打工，与父辈相比，他们的婚恋观念发生变化，他们处于城市文化与乡土文化的边缘，其婚恋观呈现出传统与现代并存的特点。但由于传统城乡二元结构的存在，加上经济社会条件以及户籍制度等方面的限制，新生代农民工很难融入城市主流社会生活中，能够举家搬迁的农民工仅占少数，多数夫妻长期处于分离状态。新生代农民工与妻子长期异地分居不利于婚姻稳定和夫妻互信，使新生代农民工夫妻间感情淡漠、婚姻关系质量普遍较低、婚姻关系不稳定增强等，这样就容易导致彼此之间的矛盾不断增加，出现婚外情、婚外恋等问题，造成新生代农民工婚姻危机，离婚率不断上升。[②] 因此，夫妻长期两地分居是农民工"临时夫妻"问题产生的一个重要因素。受户籍、教育、医疗、住房等制度或条件约束，大部分新生代农民工难以让整个家庭在城市中工作和生活。由于孩子父母不在身边、农村熟人社会的约束弱化、西方不良婚姻观的影响、一些不良风气的冲击等，传统婚恋观念受到挑战，导致新生代农民工出现"临时夫妻"等婚恋越轨行为。[③]

从社会传统观念来看，社会对"越轨"的社会行为进行一定的道德批判，是社会保持其道德底线的重要手段。在农村熟人社会，每个人的行为举止都会接受大家的监督，人们的婚姻出轨行

[①] 宋丽娜.新生代农民工的婚恋实践[M].北京：社会科学文献出版社，2021：75.
[②] 范敏，关志强.乡村振兴背景下新生代农民工婚姻现状、问题及对策[J].农业展望，2020(4)：40-44.
[③] 李东坡.我国农民工婚姻问题研究：以豫东地区为例[J].兰州学刊，2012(7)：169-173.

为将受到社会舆论压力和道德规范的强烈约束。如果一个人做出了背叛婚姻的越轨行为,不仅自己将面临村庄熟人社会强大的舆论压力,一生中可能会遭受村民们的鄙视,甚者还会被贴上家风败坏的标签,越轨者甚至其家人的名声、面子都会受损。因此,熟人社会的民风民情等社会规范对婚姻发挥了非正式的约束作用。

新生代农民工到城市之后,由于社会流动性增大,绝大多数的社会交往行为发生在彼此互不相识、素昧平生的陌生人之间。农村传统社会道德、风俗习惯和熟人网络的社会舆论,对新生代农民工婚恋行为的约束力日益衰减。汪国华认为,改革开放以来,新生代农民工长期在城市打工,城市陌生环境具有流动性、隐蔽性、异质性和开放性等特征。工作和生活环境从熟人社会向生人社会的转变、原有社会控制与道德约束的弱化,是新生代农民工"临时夫妻"现象产生的一个重要社会基础。[①] 社会结构变迁带来的制度压力与社会流动导致的因距离拉大而产生的情感压力[②],给新生代农民工"临时夫妻"提供了很大空间,是在一定社会结构变迁情境下的婚恋失范。"临时夫妻"作为社会婚姻越轨行为的特殊形式,从表面上看是个体行为,从本质上看则是社会行为。社会结构变迁带来的制度压力与社会流动导致的因距离拉大而产生的情感压力,使农民工产生了"临时夫妻"这一越轨行为。

(二)生活成本节约的工具性选择

改革开放以来,城乡收入与地域发展差距拉大,新生代农民工进城打工的一个重要动机就是赚钱,提高收入水平是新生代

[①] 汪国华.从熟人社会到陌生人社会:城市离婚率趋高的社会学透视[J].北京科技大学学报(社会科学版),2007(1):5-9.
[②] 徐京波.临时夫妻:社会结构转型中的越轨行为:基于上海服务业农民工的调查[J].中国青年研究,2015(1):55-59.

农民工向城市流动的关键性因素。要提高经济收入，他们就尽可能节约和压缩城市生活成本来改善家庭生活。

由于大部分的新生代农民工学历相对较低，加上自身技能、人力资本和社会资本不足，他们主要依靠出卖劳动力获得工作，收入水平与其他同龄高学历年轻人相比不高。同时，城市的高消费、高房租又给新生代农民工带来很大经济压力。为了最大限度节约生活成本，新生代农民工结为"临时夫妻"。他们节约成本目的不是为了现有的"临时夫妻"，更多是为了原有家庭的子女、丈夫或妻子。"临时夫妻"不是一种盲目选择，更多是一种节约生活成本的工具性选择，是一种经过权衡做出的理性决定。

例如，一个在上海郊区工厂打工的女性农民工小A在接受访谈时说："我刚来工厂工作时，我现在的男朋友就对我有好感，属于那种一见钟情的感觉，他就疯狂追求我。我开始时无法接受，因为我老家还有老公和孩子。他就经常帮我换煤气、晚上下班去接我，帮我做一些体力活，在生活上帮助我很多。由于身边没有熟悉的老乡，家里人也不会知道，加上我不讨厌他，就跟他住在了一起。我们搬在一起的第一个月生活费各自节省了一半，这样我就会省很多钱，然后把更多的钱寄回家里，让家人过得更好，这也使我不再那么感到对不住我的家人了。"

新生代农民工认为"临时夫妻"更具有人情味，可以减少一半日常生活开销，将更多的收入用于各自家庭日常生活。

（三）情感及其性需求的焦虑释放

从心理角度来看，新生代农民工到陌生城市工作，当他们遇到困难，陷入生活工作困境、心理高度焦虑时，往往希望通过情感交流向他人倾诉内心的苦恼来宣泄和释放精神焦虑压力。例如，海外华人"搭伙夫妻"产生在心理上是夫妻分离、心理压力大、孤独寂寞,在生理上是对异性渴望,在社会层面上是身在异国需要一个诉述对象。同样,新生代农民工长期与家人分隔两地,感情和生理的需求就会逐渐增加,缺失约束的他们会逐步放纵欲望,打破坚守的婚姻道德底线,发生越轨行为。心理状态的漂泊和情感需求的抚慰都会迫使新生代农民工寻求一个突破口使自身感受到在城市的"落地生根"。① 而"临时夫妻"具有"准家庭""类家庭"或情感归属的功能,在一定程度上可以消除他们孤独寂寞的心理。从生理角度来看,夫妻长期分离导致新生代农民工长期处于性压抑状态。为了解决情感上、生理上等多方面的需求,只能通过在"隐蔽性空间"和"开放性的时间"中组成"临时夫妻"来解决。新生代农民工结为"临时夫妻",大多是以满足情感或性需求为目标,尝试进行婚姻生活价值中的性越轨行为而结成如夫妻关系的一种灰色婚姻现象。

(四)传统道德约束的式微及互联网的快速发展

农村社会是熟人社会,彼此之间的相互熟悉,能在无形中对村民的不良言行给予监督与压力。城市社会是典型的"陌生人"社会,新生代农民工进入城市工作,脱离了农村风俗习惯、传统社会道德的约束和熟人社会的无形监督,且其大多处于城市的边缘,道德约束相对减弱,这使发生"临时夫妻"等婚姻失范行为的可能性增加。

同时,随着互联网的快速发展,尤其是各种交友软件的普及、自媒体的蓬勃发展,在一定程度上推动了"临时夫妻"等不良社会风气的扩散。网上大量的信息真伪难辨、良莠不齐,网上存在的西方社会享乐主义、拜金主义婚恋观冲击着他们的

---

① 陈相云,孙艳艳.农民工"临时夫妻"越轨行为的发生机制与成因[J].当代青年研究,2016(5):67-72.

思想。一些已婚的新生代农民工受到西方性开放思想的影响,认为婚外情也是西方时髦爱情观的一部分。网络中的负面思想和低俗价值观严重冲击了他们的婚恋观,"傍大款""当小三""临时夫妻"等低俗婚恋现象已经"见怪不怪"。这些错误的婚恋观是新生代农民工未婚同居、未婚先孕、临时夫妻和搭伙夫妻等现象的思想认识根源。网络虚拟化的发展打破了人们面对面交流与沟通的日常行为方式,这使得他们更倾向于在虚拟的网络空间中寻找一丝心理安慰与发泄渠道。很多"临时夫妻"是通过网络聊天促成的情缘,他们希冀通过网络来结识陌生异性、找到精神伴侣、寻求精神慰藉、性需求、分担经济压力、生活多个照顾等。[1]

"临时夫妻"可能会引发经济纠纷、感情纠葛、非婚生子、性病传播、治安隐患、刑事案件等家庭、社会问题,其破坏了传统的农村婚姻生态和家庭生态、冲击着社会道德伦理,进而影响着社会的和谐稳定。解决新生代农民工"临时夫妻"问题的关键在于解决他们的夫妻孩子长期分离的家庭分散化问题。一方面,推动新生代农民工以家庭为单位在城市工作和生活。新生代农民工在城市工作和生活如果能确保家庭完整,可以有效解决因家庭分散化而引发的夫妻之间情感上、生理上的分离问题。例如,给予新生代农民工子女在城市更多的教育机会,这样夫妻两个就可能为了孩子的教育和未来一起留在城市工作和生活,让新生代农民工家庭可以合家团聚。[2] 很多新生代农民工夫妻之所

---

[1] 何雯,曹成刚.农民工"临时夫妻"现象的社会心理学解析[J].广西社会科学,2017(7):145-149.
[2] 陶自祥.临时夫妻:青年农民工灰色夫妻关系及其连带风险[J].中国青年研究,2019(7):70-77.

以不一起外出打工,实际上是孩子的上学难以有效解决。根据农民工监测调查报告,对于3—5岁的学龄前儿童,有超过五成的农民工家长认为在城市入园面临困难,费用高、入学难是两大难题。对于义务教育阶段的随迁子女,有超过一半的农民工家长反映上学存在困难。① 另一方面,各级政府可通过制定相关鼓励政策,积极推动新生代农民工回乡创业,参与到乡村振兴中,回到家人和孩子身边,以消除夫妻长期分散化的状态。例如,近年来,劳务输出大省河南省以支持新生代农民工返乡创业为抓手,以返乡创业助推乡村产业振兴。通过推动返乡创业,把资金投入到农村,把市场联结到农村,把经营理念引进到农村,把产业模式开发到农村,从而加速了生产要素在城乡之间的双向流动,催生了农村新业态和新模式,同时也引领了农村产业发展和转型,为乡村经济发展注入了新要素,提供了新动力,也进一步解决了新生代农民工夫妻长期分散化的问题,有利于家庭和谐与社会的稳定。

第三节 小 结

本章主要论述了各种"资本"对农民工婚姻策略的影响和作用,并对"资本"这一特殊概念进行了具体界定;侧重论述农民工自身所具有的自然资本、经济资本在婚姻策略中与他们父辈的不同,进而反映出社会的转型与变迁。

自然资本分结婚年龄和外在容貌两个方面。中国历代一般

---

① 曲颂.农民工随迁子女的教育融合问题、制度障碍及对策研究[J].河北学刊,2019(7):143-148.

都有法定的结婚年龄,每个时代男女结婚的年龄也不尽相同,年龄的微妙变化既能折射出中国社会的传统风俗,也反映出这一时代社会的基本变迁。广大农村改革开放前结婚的村民年龄一般集中在18至19岁,早婚的现象比较明显。改革开放初期,我国农村实行家庭联产承包责任制,一些农户为了多分得责任田,采取虚报年龄、开假证明等手段提前为孩子登记结婚,因此早婚的现象很普遍。

在外在容貌上,中国自古就追求"郎才女貌"的理想婚姻状态。20世纪60至70年代,农民工在基本满足生存需要时,对婚姻伴侣外在容貌的要求非常简单,如男方对女方的要求基本是"只要是个女人,不傻,能干活、生孩子就行",女方对男方的要求是"只要不是傻子,身高不要太矮,能干活,看起来顺眼就行",而这种要求显然是与他们的生产、生活实践密切联系的。在当前,新生代农民工一方面既关心对象的颜值,另一方面也关注对方的赚钱养家糊口的能力,以及三观的一致性。

农民工在经济资本上面,主要表现在婚姻支付上。自古以来,高额聘礼是婚姻支付中重要的一个方面。改革开放以来,随着农民收入的增加与民间攀比心理、爱面子的影响,婚姻支付呈现出越来越高的趋势,有的家庭在结婚后背上沉重的债务负担,有的男青年无奈倒插门做了上门女婿,有的家庭以女儿为筹码,采取互换亲的形式来达到为儿子完婚的目的。

新一代青年农民工到城市打工后,与父辈们相比,婚姻支付出现了一定程度的变通。中华人民共和国成立后至改革开放初期,村民大多是通过媒人牵线这一传统模式的婚姻途径来找到婚姻伴侣,而这种婚姻途径一般会根据当地结婚的风俗,并按照约定俗成的规定程序进行,这一过程的每一步骤都要有相当的花费,而且必不可少。20世纪80年代中期以后,媒人牵线这一传统模式的婚姻途径虽然出现了一些变化,但其实质并没有变,结婚的流程仍会按照当地婚俗的步骤进行办理,且每一步骤都要支付相当的费用。

新生代农民工到城市打工后,社会流动带来的青年独立,也带给他们价值观念的变化。新生代农民工倾向于在打工过程中自由结识自己的婚姻伴侣,在这一过程中会支付一笔可观的费用,称为"前期花费",但花这笔钱不一定就能和对方步入婚姻殿堂。如果自由恋爱成功,男方家庭既可以省去高额的彩礼钱,女方家庭又可以省去嫁妆费用,而这称为婚费相抵。大部分新生代农民工的婚姻支付来自两人在打工过程中的收入,这也在一定程度上反映出新生代农民工摆脱了对传统父系家长制在经济等方面的依赖,获得了相对的经济独立,而这也恰恰是社会转型、变迁、允许新生代农民工自由流动而产生的结果。

由于历史、政策、社会变迁、国内外不良思想影响、新生代农民工个人因素等,新生代农民工还存在"临时夫妻""一夜情"等婚恋越轨现象。"临时夫妻"问题不仅是个人的问题,还是社会的问题,甚至是中国半城市化状态下产生的社会问题。"临时夫妻"是新生代农民工城市化进程中家庭功能缺失而导致出现的一种变异婚姻关系。新生代农民工脱离了原有农村的社会支持网络,城市工作和生活所面临的压力让原有的道德约束弱化,再加上生理、心理以及情感需求,导致新生代农民工选择组成"临时夫妻",以"抱团取暖"的方式来应对各种经济、心理和生理等方面的问题。但"临时夫妻"对国家、社会、家庭等带来极大的危害,甚至酿成惨案。各级党委政府、社会各界等要多关心新生代农民工的婚恋,以维护婚恋家庭和社会的稳定。

第五章
新生代农民工婚姻的爱情策略

在布迪厄的婚姻策略理论中,侧重于对"惯习""场域"以及"资本"的论述,并强调客观的"实践"条件,而对主观爱情的叙述则没有涉及。实际上在婚姻中,爱情必不可少,其产生于实践,是人们婚姻策略中的一个重要因素。因此,笔者在婚姻策略中加入了爱情这一主观因素,分析爱情对农民工婚姻策略的影响。

第一节 爱情源于实践

爱情是一个永恒的话题,是人们苦苦追寻的一个理想,是婚姻情感关系的核心,其在农民工的婚姻中也不例外。自古以来,古今中外,人们对于爱情的理解往往产生于实践,其不是单独存在的,而是基于社会实践之上,具有自然属性和社会属性。李银河认为,无论人们对感情与婚姻的关系的印象有多么悲观,无论追求有爱情的婚姻有多么困难,它始终都是人们心向往之的目标,而且实际的情况也许并不像人们想象的那样悲观。[①] 恩格斯在《家庭、私有制和国家的起源》中曾说过,婚姻必须建筑在爱情的基础上,有爱情的婚姻是有道德的,没有爱情的婚姻是不道德的。结婚的充分自由,只有在消灭了资本主义生产和它所造成的财产关系,从而把今日选择配偶还有巨大影响的一切派生的经济考虑消除以后,才能普遍实现。到那时候,除了相互爱慕之外,就再也不会有别的动机了。[②]

---

① 李银河.中国女性的爱情婚姻与性[J].青年作家,2007(2):62-67.
② 马克思,恩格斯.马克思恩格斯选集:第4卷[M].人民出版社,1965:78.

一、爱情的自然属性

爱情的自然属性是人们对爱情的主观理解与心理感受。在公元前5世纪,柏拉图就写过爱情,他认为人类最高的美德就是爱,包括精神上、智慧上以及性的吸引上。根据柏拉图的看法,最高等的爱是一美丽的少年跟一明智年长的男子间的同性恋爱,女人是较劣等,不值得被爱也不能爱他人。然而,婚姻跟爱情无关,只为延续人生。600年以后,奥立德描述了罗马式的爱情。罗马人认为爱情只是淫佚的,不包含智慧与精神的,爱情是异性间的,但却是奸诈、妒忌的。对于奥立德而言,婚姻是实际上、经济上的必需品,而爱情仅是用于私通的事件。在现代,不同的文化对爱情的观念更是五花八门,莫衷一是。在某些现代文化中,爱情被视为一种能超越关系中一切障碍的经历,而在另一些文化中则把爱情视为一种需要小心翼翼地加以控制的经历。

根据在法国的调查,人们认为爱情是一种非理性的体验,人只是受其支配,而不能客观地认真思考它;而根据在美国的调查,人们则认为爱情是一种非常重要的经历,但并非必然不能控制或是浪漫关系的唯一基础。美国社会一般把爱情视为个人主义的,而中国文化则重视集体主义,一个人个人愿望的实现则在其次,更确切地说,它更为强调个人跟其他人之间的社会关系。许多中国人似乎是根据他们的社会角色来看待自己的,很少把自己看成是正在寻找或正在小心地寻求真正的自我的个体,亲昵不光施之于浪漫情侣,而且要扩展到整个家庭的成员。①

---

① 潘晓梅,严育新.情爱简史[M].北京:中国社会科学出版社,2004:4.

第五章　新生代农民工婚姻的爱情策略

学者对于爱情的论述有独到的见解,心理学家乔治·伦纳德认为,爱情中的亲密关系具有三个基本的要素:强烈的共同感或相互依赖、巨大的感情投资、定型的结构。① 蔡文辉认为爱情是一种直觉的心理状态,它包括一种对某个人或某一件物品的心理情感的感受和内涵,一种对某一个人或某一件物品的正面好感,一种温暖和亲近的感觉,以及一种希望与某一个互动的心理行动。从学理上来说,爱大致分为七个类型:朋友之爱、嬉戏之爱、理性之爱、占有欲之爱、大公之爱、伴侣之爱和罗曼蒂克之爱。男女之间的爱虽然在上面七种类型皆有发现,但在婚前则以伴侣之爱和罗曼蒂克之爱为主。② 罗曼蒂克之爱在18世纪以后开始形成,它又吸收了激情之爱的某些要素,不过又渐渐同二者区别开来。罗曼蒂克之爱把一种叙事观念导入个体生命之中——这种叙事观念是一种套式,从根本上延续了崇高爱情的反射性。③

心理学家鲁宾认为,罗曼蒂克爱情至少有三种要素成分:① 亲近,希望我们所爱的人能在身边的一种需求,即"一刻不见就心痛"的感觉;② 关怀,问暖嘘寒,时刻关心我们所爱的人,他(她)的一举一动成为我们照顾关心的中心焦点;③ 情意,两情相悦,互通心声的联系,这种爱情也必须包括某种程度的痛苦,为爱所苦几乎是恋爱过程中必需的经验。伴侣式爱情常常发生在罗曼蒂克爱情高潮之后,当双方情绪稳定下来以后,互相分享苦与乐,互相关怀与惦念,互相建立和维护这一感情。社会

---

① 兰明春,彭萍.婚姻与家庭模式的选择[M].成都:四川大学出版社,1990:50.
② 蔡文辉.家庭社会学[M].台北:五南图书出版公司,1987:45-46.
③ (英)安东尼·吉登斯.亲密关系的转型:现代社会中的性、爱与爱欲[M].陈永国,汪民安等,译.北京:社会科学文献出版社,2001:49.

学家和心理学家认为,男女之间的爱情如果能两者兼有:既有罗曼蒂克的火光与刺激,又有伴侣式的稳重持久,将是最理想的,又是最有意义的。马林诺夫斯基通过对特洛比利安岛人的研究深思熟虑地指出:爱是一种激情,这无论是对马来西亚还是欧洲人而言都是一样的;它或多或少都会使心身备受摧残;它导致许多困局,引发许多丑闻,甚至酿成许多悲剧;它很少照亮生命,开拓心灵,使精神洋溢快乐。

罗伯特·斯腾伯格爱的三元理论认为,爱情包括三个成分:第一个成分是亲密,包括热情、理解、交流、支持及分享等特点;第二个成分是激情,以身体的欲望激起为特征;爱情的最后一个成分是承诺,包括将自己投身于一份感情的决定及维持感情的努力。承诺主要是认知性的,亲密是感情性的,而激情是动机性的。爱情关系的"热度"来自激情,温暖来自亲密;相比之下,承诺所反映的则完全不是出于感情或性情的决定。① 雷斯的"爱情之轮"较有影响,她指出人们不应该坠入情网,而是在情网里如何维持双方关系,爱情过程就像轮子在转一样,它大致分为四个阶段:① 和谐谈得来;② 自我表白;③ 互相信赖;④ 人格需求的满足,这四个阶段是彼此相关的。卡文在她所写的《美国家庭》中就宣称爱情与婚姻两者是无法配合的,以爱情为唯一选择配偶的条件是危险的,爱情本来就是情绪的高涨,难以维持长久。

二、爱情的社会属性

爱情具有社会属性,可以表现在主观和客观两个方面。主

---

① (美)莎伦·布雷姆.亲密关系[M].北京:人民邮电出版社,2005:201.

观方面,即人们对爱情具有自觉的意识;客观方面,即社会对爱情要有所制约。这两者都受社会发展水平的影响。正因为人的爱情是有意识的,所以爱情总是和一个人的人生观、道德观分不开的。爱情又是同一定社会结构中人的道德意识,同人的善恶观,同他对道德和不道德的意识联系在一起的。正如马克思所指出的:"男女之间的关系是人与人之间直接的、自然的、必然的关系。……因而,根据这种关系就可以判断出人的整个文明程度。"①爱情也是一种社会建构,不同时期的文化对爱情所下的定义完全不同。在过去两个世纪,爱情已成为婚姻的基础,这是新的发展。在这之前,甚至在今天很多文化中,包办的婚姻完全不会考虑这对将相依为命的伴侣最终是否会相互体验到亲昵和激情。从历史上看,女人不同于男人,她们结婚的目的有更大的可能是为了获取某种生活方式。男人可能有条件享受为爱情而结婚这种奢侈,而对妇女而言,生活上的需要则可能使得经济上的考虑在她们的婚姻中起主导作用。

在阶级社会里,社会利益总是带有阶级性的,它总是以统治阶级的意志为转移,因此社会利益对爱情的干预,往往意味着对爱情的阻挠与摧残。由于爱情具有民主性,从政治和道德的角度看其往往能起到破坏作用,任何人都具有爱的潜力,爱情并不会遵守诸如阶级、种族或宗教的社会束缚。焦仲卿和刘兰芝之爱,梁山伯与祝英台之爱、贾宝玉和林黛玉之爱等,无不打上时代的烙印,并且导致了那个社会所必然导致的结果。在古代,"父母之命,媒妁之言"的婚姻意识深深地印在人们的心灵深处,自由恋爱很难成就,梁山伯与祝英台的爱情悲剧可谓家喻户晓,

---

① 马克思.1844年经济学哲学手稿[M].北京:人民出版社,1979:72.

他们自由恋爱,却不能结成伉俪。另外,《娇红记》《天仙配》等民间故事也反映出古代青年男女对自由恋爱的渴望,但他们最终还是很无奈地被淹没在礼法的汪洋大海中。①

但随着社会的进步,女性地位的提高,男人和女人在强调关系中的浪漫成分更趋于平等。妇女的教育程度不断提高,她们已大量地进入拿工资的劳动者行列。因此,她们在结婚时已较少从经济依赖的角度去考虑,而是越来越把爱情当作结婚的理由。

有人认为,在婚姻策略中,爱情被放到了次要位置,即把爱情看作结构的重要原因,却不是最充分的理由。在求偶期间,男女青年的相互吸引是很强的,但这并不把爱情当作婚姻的基础。在这种制度下,长辈们积极参与决策,并不完全有权控制儿女婚姻在经济上的安排。爱情对于社会阶层制度来说是一种潜在的威胁,因为它有可能促使青年人与那些长辈们认为不合适的对象结婚。②

在我国,一直都认为爱情与婚姻是不相配合的,婚姻是两个家庭或家族在政治权势、经济利益及社会关系的延伸,爱情往往是这种企图的最大障碍。因为是火光式突然性的、难以控制的、建立爱情的婚姻易聚也易散;爱情的对象常不分身份地位,破坏家庭已有的地位,并阻挠家族势力的延伸;爱情过于情绪化,无助于婚姻的稳定性。有人把罗曼蒂克的爱情看成是狂恋,一种高度情绪化不顾死活的爱。伴侣式的爱情则是情绪较稳定,也较理性的爱。③

---

① 张树栋,李秀领.中国婚姻家庭的嬗变[M].杭州:浙江人民出版社,1990:115.
② (美)威廉·古德.家庭社会学[M].台北:桂冠图书有限公司,1988:80.
③ 蔡文辉.家庭社会学[M].台北:五南图书出版公司,1987:57.

以上这一切,爱情除了具有固有的自然属性以外,都说明了它的本质在于其社会属性。从以上爱情的自然性和社会性的理解出发,男女青年对自己与异性间的关系可以作出如下判断:如果两个人只有精神、思想、政治上的一致,而没有情欲的吸引力,那么仅仅是志同道合的同志;如果两个人只有情欲的吸引力,而毫无思想、志趣方面的一致,那么只是萍水相逢的同路人,很容易见异思迁、各奔东西。

第二节 惯习、生存实践下的先婚后情

惯习既是行动者内在的主观精神状态,又是外化的客观实践活动;既是行动者主观心态的向外结构化的客观过程,又是历史的及现实的客观环境向内被结构化的主观过程。行动者既在他们所处的移动的社会世界里面活动,也在持久铭刻于他们身体之中的、建构起来的可能性范围内活动。积淀在行动者内心深处的惯习对行动者的行动有着深刻的影响,农民工在婚姻场域中的惯习会影响到他们所采取的婚姻策略。

阎云翔通过在东北下岬村10多年插队和调研的生活实践,对484个择偶案例进行分析后认为,即使在介绍型的婚姻中,爱情也会发生的。[1] 这种爱情是隐性的、模糊的,男女双方相互之间这种好感是逐步建立起来的,有的原来就认识,比如同村结婚的,媒人只是充当两家讲条件的中间人,有的甚至请来走个过

---

[1] 阎云翔.私人生活的变革:一个中国村庄的爱情、家庭与亲密关系:1949—1999[M].上海:上海书店出版社,2006:69.

场。有的虽然在媒人介绍之前并不认识,但通过交往之后逐步产生了感情。即使一些完全有父母做主的婚姻,双方也在订婚后逐步产生爱情。

改革开放前结婚的村民,婚姻的稳定性很强,至今为止还没有一个村民离婚。有的夫妻虽然有时会因为一些小事吵架,但这些都是很正常的事,当地有一句谚语就是"天上下雨地上流,小两口打架不记仇"。随着年龄的增长,在一起劳作、相处的经历会使他们的感情越来越深。新一代青年农民工父辈们"先结婚后培养感情"的模式对他们来说有点不可思议,但这与当时的社会、经济条件相符合,反映出了他们的"生存实践逻辑"。

(1) 以前农村社区的"熟人社会"是在本自然村及其邻近村庄范围内,出了这个范围就是一个"陌生社会"。村民平时交往较多的是同村的村民及很亲近的亲戚,与陌生人交往的很少,尤其是女孩,因为家长平时管教得很严。因此,农村青年男女交往的婚姻圈很小,很少有机会自由地培养感情。

(2) 原来以媒人牵线搭桥为主的婚姻途径,使男女当事人在媒人介绍前大多相互不认识,他们根本就没有机会接触,更谈不上培养感情了。在订了婚之后,他们之间的交往也很少,即使在传统重大节日,女方到男方家里去过节,女方家长也会要求女儿当天回来。

(3) 在传统家长制家庭下,孩子没有经济收入来源,一切生活来源都靠以父母为中心的共同劳动所得,子女没有独立性,孩子的婚姻也是由父母包办。当孩子到了谈婚论嫁的年龄,父母会按照当地的婚俗程序,帮助孩子完成婚姻大事,婚姻当事人在感情上对自己的终身大事几乎没有发言权。

(4) 当时农村的普遍贫困,使村民的婚姻目的是"为了结婚而结婚",为孩子成家是父母的一个义务,而男女双方的感情则是次要的。村民找个媳妇不容易,贫困的家庭条件使他们离不起婚,即使婚后两个人感情不好,他们也大多会相互谦让着生活下去,在生活实践中慢慢培养感情,直到年老后相濡以沫、感情弥深。

(5) 必须承认,他们这一代人对爱情也充满了浪漫情怀与内心的渴望,但由于当时经济生活的贫困,与外界交流的机会受到限制,选择机会很少,很多爱情是潜意识的,或者是成年后才产生对异性的向往。他们在媒人的牵线或父母的张罗下,在婚前通过以结婚为目的的交往,才逐步产生了感情,而且两人也不能表现得太张扬、太亲密,否则会被村民们视为"不正经",所以他们婚前的爱情是矜持的、被当时的乡土风俗所压抑的。

第三节 惯习外化、发展实践下的先情后婚

布迪厄说:"惯习的提出,可以说是一件不得已而又是甘愿为之的事情,这是一个结合了客观必然性的产物,它产生了策略,即使这些策略不是建立在对客观条件有足够了解的基础上,不是在此基础上通过有意识地针对得到清晰的系统阐释的目标而产生的,但这种策略最终表明是客观的适合于环境的。"①

农民工离开家乡那仅仅能够得以生存的"一亩三分地",到城市打工,获得了一定的发展空间,经济上获得相对独立,婚姻

---

① 包亚明.布尔迪厄访谈录:文化资本与社会炼金术[M].上海:上海人民出版社,1997:12.

的社会圈和地域圈也相对扩大,"男女授受不亲"的传统惯习逐步淡化。他们的婚姻途径也逐步由父母包办、媒人牵线向自由恋爱、父母同意、自己做主过渡,这一转变是以感情基础为主要考虑要素的,与他们父辈们先结婚后培养感情有所不同,他们所追求的是以感情为基础的婚姻。戴燕认为,农民工在婚姻上的择偶标准受到实用主义、社会主导价值、传统规范和个人感情的多方面影响。择偶标准中最值得一提的是感情开始逐渐占据重要的位置,因为以往的婚姻因为是两个家庭出于利益或其他因素的结合,个人的需要处在相对忽视的地位。正像冯友兰先生所言:"儒家论夫妇关系,但言夫妇有别,从未有言夫妇有爱。"[1]法国社会学家穆勒曾分析了婚姻基础的社会内涵,他认为人类历史上的婚姻有三大动机,即经济、子女、爱情。在上古时期,经济第一,子女第二,爱情第三;中古时期,子女第一,经济第二,爱情第三;到了现代,变为爱情第一,子女第二,经济第三。[2]

第一代外出打工者(改革开放初期出去打工的,目前年龄在50多岁),在婚姻的感情因素上与他们的父辈相比并没有本质的区别。由于客观经济条件的限制,他们在婚姻伴侣上很少有选择的余地,听任媒人和父母的安排,很少考虑到感情因素,也是先结婚再培养感情。

第二代外出打工者(20世纪90年代初出去的,现在年龄在40多岁),他们的婚嫁距离大多在当地邻近村庄,范围在0—10千米之间,婚姻的结识方式基本上也是由媒人牵线搭

---

[1] 戴燕.肥东县春节返乡农民工日常生活考察[D].合肥:安徽大学,2003(5):27.
[2] 胡申生,邓伟志.上海婚俗[M].上海:文汇出版社,2007:111.

桥,自由恋爱的比例很低。与改革开放前和改革开放初期结婚的村民相比,这一代农民工对自己的婚姻伴侣开始有了选择的权利,感觉没有感情的可以拒绝,也可以退亲,甚至在结过婚之后因感情不和也可以离婚,不像他们父辈那样容忍,他们越来越看重感情因素在婚姻中的地位。

有关调查显示:从1949年到2000年,河南农村居民对婚姻当事人的感情要求逐步提高,1949—1965年,在婚姻策略中,要求"双方情投意合"的比例为16.27%;1966—1976年上升到24.36%;1977—1992年上升到38.67%;1993—2000年上升到64.96%。[①] 可以看出P县所在的河南农民,中华人民共和国成立初期在婚姻策略中对婚姻伴侣感情因素的要求比例很低,后来逐步缓慢上升,直到20世纪90年代中后期才达到一个较高的要求。在对待婚姻问题上,当代农村青年的观念发生了很大的变化,尤其是从以往对门第和身份的重视向情感方面转移,应该说在某种程度上是一种进步。

据迟书君2003年在深圳所做的调查显示:深圳的流动人口(相当一部分是农民工)中,与恋爱对象感情很深的占28.9%,比较深的占45.5%,两项相加占74.4%;不太深和不深的占7.5%;说不清的占18.1%。在与恋爱对象的关系评价中,非常满意的占18%,比较满意的占59.2%,两项相加占77.2%;非常不满意和比较不满意的分别占1.5%和9.8%;无法判断的占11.5%。即使婚后,认为"感情很好,各方面都合拍"的占到64.3%,认为"对方很适合我,无所谓好坏"的也占到19.4%,这两项相加也达到了83.7%。从不同文化程度来看,注意与配

[①] 孙立坤.河南当代家庭变迁调查[M].北京:人民出版社,2004:454、455.

偶培养感情的相对文化程度低的群体占比较高,初中及以下占81.4%,高中占78.7%[①],而流动人口中文化程度在高中以下的大多是青年农民工。

据2003年、2007年厦门大学人口研究所"全国流动人口婚姻家庭调查"项目组,组织的全国流动人口与厦门市流动人口婚姻家庭的问卷调查数据显示:流动妇女中未婚的最多,占63.2%。关于婚姻态度,大部分流动妇女对配偶忠诚、对婚姻负责,认可爱情是婚姻的基础,她们对婚姻的情感要求与忠诚度高于流动男性。她们认为"婚姻必须有爱""一旦结婚就会保持对配偶忠诚"的比例均高于流动男性。[②] 有61.9%的流动妇女选择了"婚姻必须有爱,不能凑合着过",而对于这一问题的看法,不同年龄段的流动男女有所不同,如下表所示[③]:

	20岁以下	20—24岁	25—29岁
流动妇女	68%	66.2%	65.3%
流动男性	46.2%	64.2%	61%

2017年,高博在西安、延安、宝鸡等市通过对720名新生代农民工进行个案访谈和问卷调研发现,他们更倾向于"自由恋爱"的婚姻结识方式或认可的婚姻结识方式,占44.7%;对"闪婚"的看法,11.4%的新生代农民工选择了"非常赞成",27.2%

---

① 迟书君.新型城市移民:2003年深圳流动人口恋爱婚姻家庭状况调查[M].北京:社会科学文献出版社,2006:104、105、175.
② 孙琼如,叶文振.流动妇女婚姻观念及其影响因素分析[J].北京科技大学学报(社会科学版),2009(4):23-30.
③ 叶文振,王玲杰,孙琼如.流动中的爱恋与婚育[M].厦门:厦门大学出版社,2009:49.

的选择了"比较赞成";对"婚外恋"的看法,14.4%的新生代农民工"非常赞成",8.3%的选择了"比较赞成",10.6%的选择了"不确定"。可以看出,新生代农民工的婚恋观整体呈现出多元化倾向,但不良的倾向需要进行教育引导。①

杨柳婷2020年通过在山西省L县实地调研新生代农民工的婚恋现状后认为,与"80""90"后相比,"00"后新生代农民工对婚恋关系的认知愈加理性化,婚恋自主性、自由性增强,其婚恋消费观念趋于合理、网络交往比例相对较大、婚恋观中追求男女平等、性观念开放程度提升。例如,调查显示,43.17%的"00后"新生代农民工认为未婚同居、未婚先孕等婚前性行为很正常,可以接受。外出打工及社会风气的影响促使他们对婚前性行为表现出极大的宽容。②

爱情产生于婚姻实践,在婚姻的爱情方面,拥有美好的爱情一直是婚姻伴侣追求的理想。由于受到客观经济条件的限制、"父母之命,媒妁之言"的婚姻途径以及"男女授受不亲"的影响,改革开放前结婚的村民大多是"先结婚再培养感情",而当前新生代农民工则越来越看重感情因素在婚姻策略中的作用,更倾向于"先有感情再结婚",这与他们的父辈截然不同。新生代农民工对恋爱对象、婚后关系评价满意、感情深的占大多数,说明当前大多数青年农民工结婚前非常看重与恋爱对象的感情,并与恋爱对象感情已达到一定程度,关系融洽。

---

① 高博.新生代农民工婚恋观教育对策研究[D].西安理工大学硕士学位论文,2017(6):12-16.
② 杨柳婷."00后"农民工婚恋观引导研究[D].山西大学硕士学位论文,2021(6):20-23.

第六章

新生代农民工的婚恋困境：
回不去的农村，留不下的城市

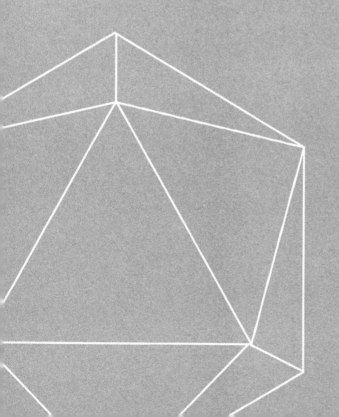

第一节　微妙变化：生存实践、时代折射

社会结构转型对新生代农民工的婚姻策略有着深远影响。改革开放以来，在我国由计划经济体制向市场经济体制转型期间，国家逐步消除了对农民在城市打工的限制，特别是20世纪90年代以后，大量农村剩余劳动力涌入城市打工谋生，成为我国城乡社会经济生活的一个重要现象，农民的生活实践空间发生了转移，由原来在"一亩三分地"上仅仅得以活下去的生存实践转换到能够获得一定空间的发展实践，客观的生活、工作实践及传统文化惯习构成了农民工采取婚姻策略的基本考虑。

农民工的"婚姻策略"是本书研究的主要内容。"婚姻策略"这一概念来自布迪厄的实践理论，笔者对这一概念重新进行了界定，着重强调"婚姻策略"是一个动态发展的过程，与农民工的生存、发展实践密切联系。婚姻策略既是一种社会性的选择，又是一种生存性的实践，其与静态的择偶标准有所区别。

城乡经济发展的巨大差异是农民工到城市打工的基本动力，但农民工自身的身份、地位、收入等客观生活实践决定了他们的婚姻性质。虽然农民工在城市获得了一定的发展空间，但非常有限。由于我国城乡二元户籍制的限制，与城市居民相比，农民工在城市中收入较低，生存条件较差，处于城市的边缘地位，客观的生存实践决定了农民工的婚姻是同类型的平行婚。

改革开放后，第一代农民工的婚嫁距离与他们的父辈相比

并没有本质的改变;而在第二代农民工当中,跨省结婚的比例上升很快;但到了目前,由于新一代青年农民工大多是独生子女,或者家中子女较少,加上我国广大农村地区社会养老体制还很不健全,"养儿防老"仍是主要的养老模式,因此新一代农民工远距离跨省结婚的比例有所下降。

在婚姻的资本策略方面,主要表现在高额的聘礼和各种婚姻花费上。娶媳妇时的各种婚姻花费,一直是我国广大农民的沉重负担。新生代农民工的父辈们追求"明媒正娶",他们一般是由媒人介绍,并按照当地婚俗程序完婚,所以从介绍认识到结婚要花相当的费用,而那些贫困的家庭则会选择"倒插门""换亲"等方式来为孩子完婚。而新生代农民工外出打工,获得了相对的经济自主,其思想观念与父母相比更为开放,他们采取自由恋爱的婚姻途径逐步增多,以这种形式认识的农民工,有相当一部分人想依靠自己的经济能力来实现自己的结婚愿望。自由恋爱式的婚姻虽然使双方家庭免去了相对高额的彩礼、嫁妆花费,但这种形式也会有花了钱而不成功的风险。但是必须承认的是,随着家庭规模的小型化,父母不愿意自己的子女将来离自己太远,所以每年春节期间,就会发生回乡农民工通过亲戚朋友介绍,突击订婚、闪婚的现象。

第二节 "扎根"还是"归根":新生代农民工的婚姻策略将何去何从

婚姻策略来源于布迪厄著名的社会实践理论,惯习、场域、资本是构成社会实践理论的三个基本要素。在运用婚姻策略这

第六章　新生代农民工的婚恋困境：回不去的农村，留不下的城市

一概念时，要紧紧抓住农民工婚姻策略是基于他们的生活实践、是根植于他们的生存条件，是潜在的行为倾向，是一种社会构成的本能这一主线。但由于当时法国贝亚恩地区与中国的婚姻文化传统不同，所以在引用婚姻策略这一概念时可能无法完全把握其内含，但是把农民工的婚姻策略与当前我国社会转型的实践结合起来，同时增添爱情这一主观因素对农民工婚姻策略的影响，已超出了布迪厄婚姻策略概念的范畴。关于对农民工主观爱情因素的论述是否有画蛇添足之嫌？还需专家来定夺。由于我国广大农村经济、社会发展的差异性、农民工群体的庞大性以及各地婚姻文化传统的不同，笔者不能全部对我国农民工群体进行深入的个案访谈，因此这一研究结论并不能代表我国全体农民工的婚姻策略。

本书研究的背景是中国社会的变迁与转型期，时间范围限定在中华人民共和国成立后至现在。1978年，我国实现改革开放，农村经济体制由"大跃进""大集体""人民公社化"向"家庭联产承包责任制"过渡，农村生产、农民生活发生了很大的变化，尤其是1992年，在邓小平同志南方谈话后，我国更是掀起了对外开放的高潮。党的十四大确定了建立社会主义市场经济体制的方针政策，我国逐步由计划经济体制向社会主义市场经济体制过渡。国家逐步消除了对农民在城市打工的限制，大量农村剩余劳动力涌入到城市工作，促进了我国经济社会的发展，为改革开放取得的成就立下了汗马功劳。

经济体制的转型使我国农村社会生活发生了很大的变化。腾尼斯的"公社"理论、迪尔凯姆的"机械团结"理论、美国社会学家萨姆纳与雷德菲尔德提出的"民俗社会"都反映了乡村社会的生活方式。传统的乡村社会成员生活方式的总特点就是"乡土

性",个体差异较少,同质程度很高,有较高的封闭性,自身的变化相当缓慢。① 乡村婚姻方式是其生活方式的重要体现形式,中国传统乡村社会是按照婚俗来办理的,在婚姻的缔结方式上,是由家长或其他人操持决定,当事人很少有自己的意愿,因此婚姻当事人之间婚前很少有感情交流的机会。高额彩礼是婚姻程序中重要的一环,经济相对贫困的家庭拿不起高额彩礼,就会采取"童养媳""互换亲""招胥婚"等变通的形式来为孩子完婚。由于长期以来受到"早婚早育""多子多婚"封建观念及当时落户对农业生产力的影响,村民大都倾向于早婚。

农民工到城市打工后,受现代工业经济及城市居民生活方式、思想观念的影响,当前农民工婚嫁思想与他们父辈相比已截然不同,他们深受传统乡村与现代都市婚姻思想的双重影响,但又在很大程度上受到我国城乡二元户籍的限制。虽然国内外很多学者对我国现存的户籍制度进行了批判,认为只有根本改革当前的户籍制度,才能使农村居民在医疗、养老、福利等各方面与城市居民享有平等的权利。但户籍制度改革是一项复杂的系统工程,即使到现在,我国很多城市,如北京、上海等加强了对办理城市户籍的限制。近年来,尤其是疫情放开后,为了引进高端人才,上海对国内外知名高校的毕业生在落户方面给予了积极的优惠政策。为了吸引人才,上海也规定,对于一些优秀的农民工,在符合相关条件的情况下(比如上海紧缺的技术工人,持有上海居住证,连续在上海工作七年以上,并依法纳税),还是可以轮候办理上海户口的,而且每年办理的农民工数量总体上还不少。

---

① 袁亚愚.新修乡村社会学[M].成都:四川大学出版社,1999:224-225.

第六章 新生代农民工的婚恋困境:回不去的农村,留不下的城市

在我国城市化发展进程中,虽然很多城郊村的耕地被征用,农民由农民变成了城市居民,但由于城乡观念、文化、心理等因素,他们平时的交往也仅仅局限在同村之间,如李培林曾指出:"现在在中国的行政版图上,几乎每天都有约70个村落消失,每一年都有上万的村落在中国行政版图上消失,这些数千年的村落解体以后,农民怎样融入与他们完全不同的城市,是一个亟待解决的问题。"① 蓝宇蕴通过在广州调查"城中村"认为,它是一个名副其实的进到城里的"乡下人",他们是刚刚脱胎于农民的社会群体,由于它本身在社会资源格局中的弱势地位,特别是在权力关系格局中的弱势地位,因此而内在地决定了它的弱势群体地位。②

由此可以看出,我国城乡二元分割户籍制度的客观存在,使城市居民和农民处于两种不同的生存状态和内心的思想观念,即使是城郊被征地变成城市户籍的农民,他们在内心深处仍旧认为自己是"农民",很难融入都市生活中去,生存的实践和传统根深蒂固的观念使他们的婚姻仍旧是"同阶层的",也就是说农民工与城市居民很难结婚,被征地的新市民也很少与固有城市居民联姻。

笔者认为,中国现存的户籍政策虽然在今后相当长的时期内很难彻底改变,但大部分人对户口的观念已经很淡化(北京、上海等特大城市除外),因为依附在城乡户籍上的福利制度、福利待遇已经在逐步缩小,浙江、江苏、广东等发达地区的一些农民工不愿把户口迁到城里,是因为当地经济社会发展,他们所得

---

① (法)H. 孟德拉斯.农民的终结[M].北京:社会科学文献出版社,2005,封底.
② 蓝宇蕴.都市里的村庄:一个"新村社共同体"的实地研究[M].北京:生活·读书·新知三联书店,2005:338.

到的福利待遇、得到的改革开放的成果远远大于同一地区的普通市民。

目前,乡村振兴是农民发展的一个热点问题,但也遇到一些瓶颈,根本的就是以户籍制度为主要内容的城乡分割体制并没有根本改变,很难在教育、就业、医疗等方面实现突破,虽然我国沿海一些发达地区进行了试点①,但相对于全国来说仍是凤毛麟角。相对于传统农民工,新生代农民工的婚恋困境出现了家乡的"归根"和城市的"扎根"的两难局面。

但是,我们必须清楚地看到,近年来在乡村振兴和共同富裕背景下,党中央和各级政府高度重视农民工这一群体。例如,在2019年的新年贺词中,习近平总书记特别提到了快递小哥和千千万万的普通劳动者们,对他们的辛勤工作表示感谢:"这个时候,快递小哥、环卫工人、出租车司机以及千千万万的劳动者,还在辛勤工作,我们要感谢这些美好生活的创造者、守护者。大家辛苦了。"而这一群体当中,新生代农民工占了相当一部分比例。

第一,各级党委政府要对农民工进行正确的思想道德、婚恋观念的教育引导。发扬和继承中国优秀传统文化,发挥社会主义核心价值观的引领作用。树立正确的婚恋观,调节自身内在的矛盾和冲突,杜绝在择偶过程中的攀比之风,切实降低新生代农民工婚姻危机的产生,推动新生代农民工家庭的和睦以及农村社会的稳定发展。②

---

① 严新明.生存与发展:中国农民发展的社会时空分析[M].北京:社会科学文献出版社,2005:328.
② 陈利娜.新生代农民工婚姻家庭研究的理论与前瞻[J].山东青年政治学院学报,2014(4):39-45.

第六章 新生代农民工的婚恋困境:回不去的农村,留不下的城市

第二,加大对农民工在城市中权益的保护和服务保障,切实解决新生代农民工夫妻分居、孩子入学等现实问题。如严厉打击拖欠农民工工资的行为、改善农民工居住工作环境、解决农民工子女入学难问题。改善新生代农民工的居住条件,在安居工程、廉租房、经济适用房等方面向新生代农民工倾斜。如果他们在城市中没有稳定的住所,婚外情等现象就很有可能发生。比如浙江的嘉兴、湖州等地,给予优秀的外地农民工市民待遇,解决他们在当地生活中遇到的各种实际困难。《中共中央关于加强和改进党的群团工作的意见》中指出:"有针对性地开展创业就业、心理疏导、大病救助、法律援助、婚恋交友、居家养老等服务,特别是要做好对困难职工、留守老人妇女儿童、归难侨、残疾人等群体的帮扶,对高等学校毕业生、留学归国人员、农民工的服务。""立体化、多层面扩大组织覆盖,重点向非公有制经济组织、社会组织、城乡社区等领域和农民工、自由职业者等群体延伸组织体系。"①上海市普陀区通过加强新业态党群服务中心建设,来解决快递员、外卖员、网约车司机等新业态就业群体在日常工作、生活上的实际困难,不断提升他们的获得感、幸福感,通过党的建设把新业态群体凝聚在党的周围。

第三,大力推进乡村振兴,加大对新生代农民工回乡创业的政策支持,以实现城乡高质量发展的共同富裕。"治国之道,富民为始。"2021年2月25日,习近平总书记在全国脱贫攻坚大会上指出:"我们始终坚定人民立场,强调消除贫困、改善民生、实现共同富裕是社会主义的本质要求。"2021年8月17日,习近平总书记主持召开中央财经委员会第十次会议时又强调:"共

---

① 中共中央关于加强和改进党的群团工作的意见[N].人民日报,2015-07-10(004).

同富裕是社会主义的本质要求,是中国式现代化的重要特征,要坚持以人民为中心的发展思想,在高质量发展中促进共同富裕。"可见,只有加快农村城镇化进程,因地制宜地转变农业增长方式,实现乡村"产业兴旺",才能通过不断加大公共财政投入来完善农村社会保障体系,吸引外出务工人员返乡发展,增加新生代农民工夫妻间的情感交流以及互相陪伴,使新生代农民工家庭中的子女健康成长,使留守老人能够老有所养、养有所依。因此,乡村振兴战略为农村的发展提供了新的契机,也为新生代农民工的婚姻问题提供了一个很好的解决机会。同时,还为农村的更好发展创造了良好的宏观发展条件。

总之,新生代农民工在城市中特殊的身份地位决定了他们的婚姻策略与他们父辈相比,在结婚年龄、婚嫁距离、婚姻支付、感情基础等外在形式上发生了很大的变化,这些变化进一步反映了中国从传统乡村农业社会到现代城市工业和信息化社会的变迁与转型。虽然同阶层结婚的内在本质并没有变,但未来随着我国社会、经济的快速发展,城乡二元户籍制度进行实质性改革,国家对城乡社会、经济发展进行统筹协调,城乡医疗、教育等公共服务进一步均等化,以及新生代农民工逐步融入城市生产、生活当中去。新生代农民不管是进城还是留乡,都希望拥有靠自己勤奋努力取得成功的机会,从而实现安居乐业、婚姻家庭幸福。

参考文献

一、学术专著

[1]（美）艾尔·巴比.社会研究方法[M].北京：华夏出版社，2000.

[2]（芬兰）爱德华·韦斯特马克.人类婚姻史[M].北京：商务印书馆，2002.

[3]（英）安东尼·吉登斯.亲密关系的转型：现代社会中的性、爱与爱欲[M].北京：社会科学文献出版社，2001.

[4]（英）安东尼·吉登斯.社会的构成[M].李康，李猛，译.生活·读书·新知三联书店，1998.

[5]鲍宗豪.婚俗与中国传统文化[M].桂林：广西师范大学出版社，2006.

[6]毕天云.社会福利场域的惯习[M].北京：中国社会科学出版社，2004.

[7]蔡文辉.家庭社会学[M].台北：五南图书出版公司，1987.

[8]曹锦清.黄河边的中国：一个学者对乡村社会的观察与思考[M].上海：上海文艺出版社，2000.

[9] 曹锦清,张乐天,陈中亚.当代浙北乡村社会文化变迁[M].上海:上海远东出版社,2001.

[10] 陈莉,俞林伟.新生代农民工的婚育模式与婚姻质量[M].北京:中国社会科学出版社,2021.

[11] 陈友华.中国和欧盟婚姻市场透视[M].南京:南京大学出版社,2004.

[12] 池子华.中国近代流民[M].杭州:浙江人民出版社,1996.

[13] 池子华,朱琳.中国历代流民生活掠影[M].沈阳:沈阳出版社,2004.

[14] 迟书君.新型城市移民:2003年深圳流动人口恋爱婚姻家庭状况调查[M].北京:社会科学文献出版社,2006.

[15] 丁世良,赵放.中国地方志民俗资料汇编(华北卷)[C].北京:北京图书馆出版社,1989.

[16] (美)杜赞奇.文化、权力与国家:1900—1942年的华北农村[M].王福明,译.南京:江苏人民出版社,1995.

[17] (芬兰)E.A.韦斯特马克.人类婚姻史[M].李彬,译.北京:商务印书馆,2002.

[18] 费孝通.江村经济[M].长沙:湖南人民出版社,2002.

[19] 费孝通.江村农民生活及其变迁[M].兰州:敦煌文艺出版社,1997.

[20] 费孝通.乡土中国、生育制度[M].北京:北京大学出版社,1998.

[21] 冯立天,巴巴拉·安德森等.北京婚姻、家庭与妇女地位研究[C].北京:北京经济学院出版社,1994.

[22] 顾宝昌.社会人口学视野——西方社会人口学要论选择[M].北京:商务印书馆,1992.

[23] 郭松义.伦理与生活：清代的婚姻关系[M].北京：商务印书馆,2000.

[24] 贺雪峰.乡村研究的国情意识[M].武汉：湖北人民出版社,2004.

[25] 侯钧生.西方社会学理论教程[M].天津：南开大学出版社,2001.

[26] 胡申生,邓伟志.上海婚俗[M].上海：文汇出版社,2007.

[27] 黄承伟.中国农村扶贫自愿移民搬迁的理论与实践[M].北京：中国财政经济出版社,2004.

[28] 黄平.寻求生存：当代农村外出人口的社会学研究[M].昆明：云南人民出版社,1997.

[29] 黄宗智.华北的小农经济与社会变迁[M].中华书局,2004.

[30] 纪一.中国婚姻家庭词典[M].北京：中外文化出版公司,1988.

[31] （澳）杰华.都市里的农家女：性别、流动与社会变迁[M].南京：江苏人民出版社,2006.

[32] 柯兰君,李汉林.都市里的村庄[M].北京：中央编译出版社,2001.

[33] （奥地利）赖因哈德·西德尔.家庭历史的演变[M].北京：商务印书馆,1996.

[34] 兰明春,彭萍.婚姻与家庭模式的选择[M].成都：四川大学出版社,1990.

[35] 蓝宇蕴.都市里的村庄：一个"新村社共同体"的实地研究[M].北京：生活·读书·新知三联书店,2005.

[36] 雷洁琼.改革以来中国农村婚姻家庭的新变化[M].北京：北京大学出版社,1994.

[37] 黎明志.简明婚姻史[M].北京：群众出版社,1989.

[38] 李长傅.中国殖民史[M].上海：上海书店,1984.

[39] 李树茁,靳小怡,(美)费尔德曼,(加)李南,朱楚珠.当代中国农村的招赘婚姻[M].北京：社会科学文献出版社,2006.

[40] 李卫东,李树茁.流动过程与农民工婚姻稳定性研究[M].北京：社会科学文献出版社,2021.

[41] 李银河.中国人的性爱与婚姻[M].郑州：河南人民出版社,1991.

[42] 梁漱溟.乡村建设理论[M].上海：上海人民出版社,2011.

[43] 刘达临等.中国婚姻家庭变迁[M].北京：中国社会出版社,1998.

[44] 刘达临.中国情色文化史[M].北京：人民日报出版社,2004.

[45] 刘豪兴.社会学概论[M].北京：高等教育出版社,2003.

[46] 刘红星.先秦与古希腊：中西文化之源[M].上海：上海古籍出版社,1997.

[47] 刘杰,吴晔.乡村婚姻忧思录：中国农村婚姻现状与思考[M].北京：人民日报出版社,1991.

[48] 刘奇,范丽娟,邢军.农民工城市公共文化服务体系重组与优化[M].合肥：安徽大学出版社,2022.

[49] 刘英,薛素珍.中国婚姻家庭研究[M].北京：社会科学文献出版社,1987.

[50] 卢国显.农民工：社会距离与制度分析[M].北京：社会科学文献出版社,2010.

[51] 陆学艺.当代中国社会阶层研究报告[M].北京：社会科学文献出版社,2002.

[52] 陆学艺.当代中国社会流动[M].北京：社会科学文献出版

社,2004.

[53] (英)罗素.婚姻革命[M].北京：东方出版社,1988.

[54] 罗小锋.流动农民工的婚姻维系[M].北京：社会科学文献出版社,2021.

[55] 马克思,恩格斯.马克思恩格斯全集[M].北京：人民出版社,2003.

[56] 马克思,恩格斯.马克思恩格斯选集[M].北京：人民出版社,1972.

[57] 马克斯·韦伯.经济与社会[M].旧金山：维斯特尤出版社.1994.

[58] (法)孟德拉斯.农民的终结[M].北京：社会科学文献出版社,2005.

[59] 孟庆洁.上海市外来流动人口的生活方式研究[M].上海：上海社会科学院出版社,2009.

[60] 潘绥铭.中国性现状[M].北京：光明日报出版社,1995.

[61] 潘晓梅,严育新.情爱简史[M].北京：中国社会科学出版社,2004.

[62] 彭怀真.婚姻与家庭[M].台北：巨流图书公司,1996.

[63] (法)皮埃尔·布迪厄,(美)华康德.实践与反思[M].北京：中央编译出版社,1998.

[64] 皮埃尔·布迪厄著.实践感[M].南京：译林出版社,2003.

[65] 平舆县志[M].郑州：中州古籍出版社,1995.

[66] (美)莎伦·布雷姆.亲密关系[M].北京：人民邮电出版社,2005.

[67] 邵伏先.中国的婚姻与家庭[M].北京：人民出版社,1989.

[68] 沈崇麟,马有才.试论婚姻的"门当户对"问题[C].北京：社

会科学文献出版社,1987.

[69] 水延凯.社会调查教程[M].北京：中国人民大学出版社,1988.

[70] 宋丽娜.新生代农民工的婚恋实践[M].北京：社会科学文献出版社,2021.

[71] 宋其超.失业及其治理[M].北京：中国财政经济出版社,2004.

[72] 隋晓明.中国民工调查[M].北京：群言出版社,2005.

[73] 孙本文.社会学原理[M].北京：商务印书馆,1946.

[74] 孙立坤.河南当代家庭变迁调查[M].北京：人民出版社,2004.

[75] 孙立平.转型与断裂：改革以来中国社会结构的变迁[M].北京：清华大学出版社,2004.

[76] 孙淑敏.农民的择偶形态：对西北赵村的实证研究[M].北京：社会科学文献出版社,2005.

[77] 王处辉.中国农村嫁娶的区位学研究[C].北京：中国妇女出版社,1986.

[78] 王桂新,殷永元.上海人口与可持续发展研究[M].上海：上海财经大学出版社,2004.

[79] 王铭铭.西方人类学名著提要[M].江西：江西人民出版社,2004.

[80] 王石泉.中国老年社会保障制度与服务体系的重建[M].上海：上海社会科学院出版社,2008.

[81] 王同信,翟玉娟.深圳新生代农民工调查报告[M].北京：中国法制出版社,2013.

[82] 王跃生.社会变革与婚姻家庭变动：20世纪30—90年代

的冀南农村[M].北京：三联书店,2006.

[83]（美）威廉·阿瑟·刘易斯.二元经济论[M].施炜,谢兵,苏玉宏,译.北京：北京经济学院出版社,1989.

[84]（美）威廉·古德.家庭社会学[M].台北：桂冠图书有限公司,1988.

[85]吴本雪.城市婚姻的基础,中国婚姻家庭研究[C].社会科学文献出版社,1987.

[86]吴新慧.农民工子女教育获得与城市融入研究[M].北京：中国社会科学出版社,2023.

[87]夏文信.中国城市家庭地位的变化,中国婚姻家庭研究[C].北京：社会科学文献出版社,1987.

[88]萧洪恩.土家族仪典文化哲学研究[M].北京：中央民族大学出版社,2002.

[89]肖爱树.20世纪中国婚姻制度研究[M].北京：知识产权出版社,2005.

[90]徐安琪.世纪之交中国人的爱情和婚姻[M].北京：中国社会科学出版社,1997.

[91]严新明.生存与发展：中国农民发展的社会时空分析[M].北京：社会科学文献出版社,2005.

[92]阎云祥.礼物的流动：一个中国村庄中的互惠原则与社会网络[M].上海：上海人民出版社,2000.

[93]阎云翔.私人生活的变革：一个中国村庄的爱情、家庭与亲密关系：1949—1999[M].上海：上海书店出版社,2006.

[94]杨懋春.一个中国村庄：山东台头[M].张雄等,译.南京：江苏人民出版社,2001.

[95]杨善华,沈崇麟.市场经济与非农化背景下城乡家庭的变

迁[M].杭州：浙江人民出版社,2000.

[96] 杨婷.农民工婚姻冲突：现状与影响因素[M].北京：社会科学文献出版社,2022.

[97] 余红,丁骋骋.中国农民工考察[M].北京：昆仑出版社,2004.

[98] 袁亚愚.新修乡村社会学[M].成都：四川大学出版社,1999.

[99] 悦中山,王红艳,李树茁.农民工的社会融合与心理健康[M].北京：中国社会科学出版社,2023.

[100] 张声华.上海流动人口的现状与展望[M].上海：华东师范大学出版社,1998.

[101] 张树栋,李秀领.中国婚姻家庭的嬗变[M].杭州：浙江人民出版社,1990.

[102] 张雨林,刘倩,王磊.从传统农村向社会主义农村的转化[M].上海：上海社会科学院出版社,1992.

[103] 张琢,马福云.发展社会学[M].北京：中国社会科学出版社,2001.

[104] 赵文林,谢淑君.中国人口史[M].北京：人民出版社,1988.

[105] 郑杭生,李路路.当代中国城市社会结构现状与趋势[M].北京：中国人民大学出版社.

[106] 郑杭生.社会学新修概论[M].北京：中国人民大学出版社,2005.

[107] 中国科学院国情分析研究小组.生存与发展[M].北京：科学出版社,1989.

[108] 周密.农民工市民化能力提升新视野[M].北京：光明日报出版社,2022.

[109] 朱光磊.当代中国社会各阶层分析[M].天津：天津人民出版社,2007.

[110] 庄孔韶.人类学通论[M].太原：山西教育出版社,2002.

[111] 庄英章.家族与婚姻：台湾北部两个闽客村落之研究[M].台北：中央研究院民族学研究所,1994.

[112] 左学金,周海旺.上海流动人口状况与对策[C].北京：人民出版社,2000.

二、学术论文

[1] 陈利娜.新生代农民工婚姻家庭研究的理论与前瞻[J].山东青年政治学院学报,2014(4).

[2] 陈鹏,高旸.新生代农民工城市社会融入与社区治理探研：以J省新生代农民工群体为例[J].长白学刊,2021(6).

[3] 陈瑞.以歙县虹源王氏为中心看明清徽州宗族的婚姻圈[J].安徽史学,2004(6).

[4] 陈文联.等级观念对我国封建婚姻制度的影响[J].船山学刊,2005(1).

[5] 陈相云,孙艳艳.农民工"临时夫妻"越轨行为的发生机制与成因[J].当代青年研究,2016(5).

[6] 陈映芳."农民工"：制度安排与身份认同[J].社会学研究,2005(3).

[7] 陈占江,李长健.新生代民工的发展困境及其解决机制[J].求实,2006(1).

[8] 程启军,曾小龙.新生存主义：新型农民土的生存之道[J].青年研究,2006(11).

[9] 邓智平.关于打工妹婚姻逆迁移的调查[J].南方人口,2004(3).

[10] 丁金宏,朱庭生,朱冰玲,等.论城市两地户口婚姻的增长、特征及其社会政策寓意：以上海为例[J].人口研究,1999(5).

[11] 范敏,关志强.乡村振兴背景下新生代农民工婚姻现状、问题及对策[J].农业展望,2020(4).

[12] 范燕宁.当前中国社会转型问题研究综述[J].哲学动态,1997(1).

[13] 方长春.从"再分配"到"市场":市场转型与社会分层研究综述[J].南京社会科学,2006(1).

[14] 丰子义.马克思现代性思想的当代解读[J].中国社会科学,2005(4).

[15] 风笑天.农村外出打工青年的婚姻与家庭:一个值得重视的研究领域[J].人口研究,2006(1).

[16] 符平.青年农民工的城市适应:实践社会学研究的发现[J].社会,2006(2).

[17] 高博.新生代农民工婚恋观教育对策研究[D].西安理工大学硕士学位论文,2017(6).

[18] 管志慧,彭兆祺."我国城市农民工歧视"问题的研究[J].科技与管理,2004(2).

[19] 郭玉锦.身份制与中国人的观念结构[J].哲学动态,2002(8).

[20] 何雯,曹成刚.农民工"临时夫妻"现象的社会心理学解析[J].广西社会科学,2017(7).

[21] 贺汉魂,皮修平."农民工":一个不宜再提的概念:"农民工"的伦理学思考[J].农村经济,2005(5).

[22] 贺军平.新中国农村的婚姻与家庭考察[J].人大复印资料《社会学》,1990(1).

[23] 霍宏伟.我国北方一个农庄的婚姻圈研究:对山东省济阳县江店乡贾寨村的个案分析[J].社会,2002(12).

[24] 康来云.农民工心理与情绪问题调查及其调适对策[J].求

实,2004(7).

[25] 李东坡.我国农民工婚姻问题研究:以豫东地区为例[J].兰州学刊,2012(7).

[26] 李飞龙.国家权力与农村私人生活领域的变革(1949—1978):以农村婚姻的解体为考察中心[J].山西师大学报(社会科学版),2012(5).

[27] 李建萍,赵宏,王俊华.河北省青年农民的道德现状及其构建[J].河北建筑科技学院学报(社科版),2003(2).

[28] 李强.户籍分层与农民工的社会地位[J].中国党政论坛,2002(8).

[29] 李强.社会学的"剥夺"理论与我国城市农民工问题[J].学术界,2004(4).

[30] 李强,唐壮.城市农民工与城市中的非正规就业[J].社会学研究,2002(6).

[31] 李强.现代化对中国社会分层结构之影响[J].东南学术,2000(2).

[32] 李强.影响中国城乡流动人口的推力与拉力因素分析[J].社会学(人大复印资料),2003(4).

[33] 李天石.论北魏时期良贱身份制的法典化[J].江海学刊,2004(5).

[34] 李银河.中国女性的爱情婚姻与性[J].青年作家,2007(2).

[35] 梁土坤.可行能力视角下新生代农民工婚姻状况及影响因素研究[J].安徽师范大学学报(人文社会科学版),2019(3).

[36] 梁旭光.改革以来农村婚姻状况的变化[J].人大复印资料《社会学》,1987(4).

[37] 梁玉成.渐进转型与激进转型在初职进入和代内流动上的

不同模式：市场转型分析模型应用于中国转型研究的修订[J].社会学研究,2006(4).

[38] 刘保中,邱晔.新中国成立70年我国城乡结构的历史演变与现实挑战[J].长白学刊,2019(5).

[39] 刘成斌,童芬燕.陪伴、爱情与家庭：青年农民工早婚现象研究[J].中国青年研究,2016(6).

[40] 刘华芹,王修彦.婚姻支付对男方父母的文化心理意义研究[J].广西民族大学学报(哲学社会科学版),2010(2).

[41] 刘建荣.社会转型时期农民价值观念的冲突[J].湖南师范大学社会科学学报,2005(3).

[42] 刘玲玲.社会转型的类型和当代中国社会转型的实质[J].教学与研究,1997(4).

[43] 刘旭.底层婚姻：在"现代"和"封建"之间[J].华东师范大学学报(哲学社会科学版),2004(6).

[44] 刘燕舞.婚姻中的贱农主义与城市拜物教：从农村光棍的社会风险谈起[J].社会建设,2015(06).

[45] 刘中一.场域、惯习与农民生育行为布迪厄实践理论视角下农民生育行为[J].社会,2005(6).

[46] 刘祖云.社会转型：一种特定的社会发展过程[J].华中师范大学学报(哲学社会科学版),1997(6).

[47] 刘祖云.中国社会流动的现状与趋势初探[J].社会科学研究,1994(6).

[48] 吕新雨."民工潮"的问题意识[J].读书,2003(10).

[49] 聂洪辉.男权视角下的新生代农民工"闪婚"现象[J].当代青年研究,2019(2).

[50] 潘允康.试论婚姻中的交换价值[J].人大复印资料,1986(1).

[51] 丘海雄,张应祥.理性选择理论述评[J].中山大学学报社科版,1998(1).

[52] 曲颂.农民工随迁子女的教育融合问题、制度障碍及对策研究[J].河北学刊,2019(7).

[53] 沈文捷.城乡联姻造就城市新移民探析[J].南京财经大学学报,2007(3).

[54] 宋金平.中国农业剩余劳动力转移的模式与发展趋势[J].中国人口科学,2001(6).

[55] 宋林飞."农民工"是新兴工人群体[J].江西社会科学,2005(3).

[56] 宋林飞.中国农村劳动力的转移与对策[J].社会科学研究,1996(2).

[57] 孙常敏,周海旺.上海流动人口的婚姻、生育与计生管理[J].人口与计划生育,1999(4).

[58] 孙立平.实践社会学与市场转型过程分析[J].中国社会科学,2002(5).

[59] 孙淑敏.乡城流动背景下低收入地区农村男子的择偶困境:对甘肃省东部蔡村的调查[J].西北人口,2010(1).

[60] 谭琳,苏珊·萧特,刘惠."双重外来者"的生活:女性婚姻移民的生活经历分析[J].社会学研究,2003(2).

[61] 唐利平.人类学和社会学视野下的通婚圈研究[J].开放时代,2005(2).

[62] 陶自祥.临时夫妻:青年农民工灰色夫妻关系及其连带风险[J].中国青年研究,2019(7).

[63] 童星,文军.三次社会转型及其中国的启示[J].开放时代 2000(8).

[64] 王德福.养老倒逼婚姻:理解当前农村早婚现象的一个视

角[J].南方人口,2012(2).

[65] 王东娓,时延春,王景花.河南省各类农民思想政治意识与价值观念状况分析[J].河南社会科学,1998(3).

[66] 王飞.论新生代青年农民工性问题[J].中国青年政治学院学报,2014(2).

[67] 王杰.同村婚姻:青年农民工婚姻新模式的诠释:以辛村为例[J].青年研究,2007(11).

[68] 王进鑫.当代青年农民工婚姻现状考察:基于成都市服务行业青年农民工的调查[J].西南交通大学学报(社会科学版),2012(5).

[69] 王宁.代表性还是典型性:个案的属性与个案研究方法的逻辑基础[J].社会学研究,2002(5).

[70] 王思斌.婚姻观念的变化与农村社会亲属化[J].人大复印资料《社会学》,1990(6).

[71] 王亚萍,毕兰凤.农村青年婚恋观与人口外出流动的相关性分析:以王村的个案研究为例[J].青年探索,2007(6).

[72] 王永进,邬泽天.我国当前社会转型的主要特征[J].社会科学家,2004(6).

[73] 王宗凡.上海市农民工社会保险制度[J].中国劳动,2006(10).

[74] 魏万青.劳工宿舍:企业社会责任还是经济理性 一项基于珠三角企业的调查[J].社会,2011(2).

[75] 温文芳.晚清童养媳的婚姻状况及其盛行的原因[J].甘肃行政学院学报,2005(2).

[76] 吴鲁平.当代中国青年婚恋、家庭与性观念的变动特点与未来趋势[J].青年研究,1999(12).

[77] 吴鲁平.农村青年的择偶观从传统向现代位移[J].中国青

年研究,2000(3).

[78] 吴兴陆,亓名杰.农民工迁移决策的社会文化影响因素探析[J].中国农村经济,2005(1).

[79] 谢立中.社会变迁过程中的复杂性[J].首都师范大学学报(社会科学版),2003(2).

[80] 谢立中.现代化理论的过去与现在[J].社会科学研究,1998(1).

[81] 徐安琪.择偶标准:五十年变迁及其原因分析[J].社会学研究,2000(6).

[82] 徐京波.临时夫妻:社会结构转型中的越轨行为:基于上海服务业农民工的调查[J].中国青年研究,2015(1).

[83] 许经勇.论中国经济社会转型时期的农民工[J].湖南城市学院学报(人文社会科学版),2004(1).

[84] 杨柳婷."00后"农民工婚恋观引导研究[D].山西大学硕士学位论文,2021(6).

[85] 杨哲.因婚返贫:新生代农民工婚姻成本诠释[J].山东农业工程学院学报,2019(1).

[86] 尹子文.第二代农民工婚姻问题探析[J].中国农村观察,2010(3).

[87] 俞德鹏.论外地劳动力分类管理制度的不合理性[J].中国农村经济,2000(11).

[88] 曾昱.城市农民工的社会心理探析[J].兰州学刊,2004(4).

[89] 张峰.博弈逻辑述评[J].福建论坛(人文社会科学版),2004(3).

[90] 张培刚,方齐云.经济发展与二元经济的改造[J].求是学刊,1997(2).

[91] 张庆宇,侯双.新生代农民工婚恋模式探析:基于南漳县5

村新生代农民工婚恋意识和行为的调查[J].长春理工大学学报(社会科学版),2012(10).

[92] 张玉玲.公平对待农民工[N].光明日报(经济周刊版),2003-1-20(B1).

[93] 张照新,宋洪远.中国农村劳动力流动国际研讨会重要观点综述[J].中国农村观察,2002(1).

[94] 赵丽丽.城市女性婚姻移民的社会适应和社会支持研究:以上海市"外来媳妇"为例[D].上海大学社会学博士论文,2008.

[95] 郑杭生.社会转型论及其在中国的表现:中国特色社会学理论探索的梳理和回顾之二[J].广西民族学院学报(哲学社会科学版),2003(5).

[96] 郑林宏.乡村振兴背景下新生代农民工婚姻家庭问题探究:基于F市工业园内新生代农民工群体的实证研究[J].经济研究导刊,2020(6).

[97] 周长城.理性选择理论,社会学研究的新视野[J].社会科学战线,1997(4).

[98] 周大鸣.中国农民工的流动:农民工输入地与输出地比较[J].广东青年干部学院学报,1999(4)

[99] 周大鸣.中国农民工研究三十年:从个人的探索谈起[J].中国农业大学学报(社会科学版),2017(6)..

[100] 周海旺.上海市外来媳妇及其子女的户口政策研究[J].中国人口科学,2001(3).

[101] 周伟文,侯建华.新生代农民工阶层:城市化与婚姻的双重困境:S市新生代农民工婚姻状况调查分析[J].社会科学论坛,2010(18).

[102] 朱凡,何晶.司法治理"高价"彩礼路径探索：基于2019—2022年X市彩礼婚俗调研的系统研究[J].重庆开放大学学报,2022(6).

[103] 朱考金.城市农民工心理研究：对南京市610名农民工的调查与分析[J].青年研究,2003(6).

[104] 朱力.准市民的身份定位[J].南京大学学报(哲学、人文、社科版),2000(6).

致　谢

感谢上海市社科联课题"新生代农民工婚恋模式的实证研究"（课题编号2015JG102－FSH006）和上海社科基金规划项目"群众'全周期'参与社区治理研究（课题编号：2022BDS004）"对本书的支持！感谢上海大学出版社位雪燕老师对本书的修改完善！感谢学院领导和同事对本书出版提出的宝贵意见！感谢本书在撰写过程中接受访谈的新生代农民工朋友！正是以上各位的帮助和支持才使本书能够顺利出版！